中國古代生活大百科

米萊童書 著/繪

商務印書館

作者團隊：米萊童書

米萊童書是由國內多位資深童書編輯、插畫家組成的原創童書研發平台，是 2019 年度「中國好書」大獎得主，多次榮獲「桂冠童書」、中國出版「原動力」大獎。現為中國新聞出版業科技與標準重點實驗室（跨領域綜合方向）授牌的中國青少年科普內容研發與推廣基地，致力於對傳統童書進行內容與形式的升級反覆運算，開發一流原創童書作品，使其更加適應當代中國家庭的閱讀與學習需求。

學術指導：

馮天瑜（中國文化史學家、武漢大學人文社會科學資深教授、教育部社會科學委員會委員）

燕海鳴（中國文化遺產研究院副研究員、中國古跡遺址保護協會秘書處主任）

劉滌宇（同濟大學建築系副教授）

范佳翎（首都師範大學歷史學院考古學與博物館學系講師）

陳詩宇（@ 揚眉劍舞《國家寶藏》服飾顧問、知名服飾史研究學者）

朱興發（北大附中石景山學校歷史教師）

創作組成員：

策劃人：劉潤東 魏諾

統籌編輯：劉彥朋

繪畫組：石子兒 霍霜霞 翁衞 賀雨 劉小瑩 徐燁 辛穎

美術設計：黃栗 劉雅寧

運營統籌：黃靜 董雪梅 陳玉明

相信閱讀的力量

序

身邊的生活，折射文明的多樣旅程

小讀者們，如果你的面前有一個神奇的月光寶盒，可以帶你去往歷史的任何一個時刻，你最想去往哪裏？

中國有五千年的悠久歷史，在這歷史長河中，有太多的故事、英雄、創舉、科技值得我們回望與讚歎。可是當月光寶盒發揮魔力的那個瞬間，你又如何來判斷自己究竟身處何時何地？

細心的孩子一定不會錯過餐桌上的器皿、路人的妝髮、亭台樓閣的樣式、百姓出行的方式。沒錯，身邊的生活事物，是連接過去與現在的媒介，我們每天都會接觸的衣、食、住、行，看似再平凡不過，卻是我們賴以生存的基礎，也是我們感知外部世界的途徑。因為熟悉，當我們追本溯源，看到他們一路走來時，才更能有感於時代變遷帶給我們每一個人的影響。

這一次，畫家們嘗試身臨其境，帶領我們與身邊的歷史成為朋友！他們查閱了大量史學專著、出土文物、歷史圖片，以歷史為線索，同時照顧到了閱讀興趣。在每一冊每一章，以衣食住行切入，設置歷史大背景知識，講述文明發展的階段歷程。當然，知識只是歷史中的一個點，從「點」入手，編輯團隊幫助我們延伸出更廣的「面」，用故事、情景、圖解、註釋，又重新梳理了看待歷史的角度，給孩子一個清晰的中國正史概念。800多個有趣的知識點，就像是在畫卷中修建了一座「歷史博物館」，巧妙的線索就像是博物館的一扇扇門，孩子們善於提問的好奇心是打開它們的鑰匙，每翻一頁，

都如同身臨其境：威嚴高聳的皇城，鮮衣怒馬的少年，顧盼生輝的美人，巧奪天工的技藝，還有曾經惡劣的環境，不屈不撓的祖先。再也不必死記硬背，只需要親身體驗一次閱讀的歷程，歷史知識就變成生動的故事和生活。而身處其中的我們，能夠見證文明的脈絡，又是一種多麼「酷」的經歷！

　　一個時代的登場，總是伴隨着一個時代的黯然離去，然而看似渺小的身邊事物，卻閱歷千年留存下來。「生活」記錄着歷史一路走來的痕跡，更是折射文明脈絡的「厲害角色」。就像是一個華麗的舞台，「生活」令我們心生敬畏，也令我們心存謙卑。它們是這個舞台上的演員，是故事的書寫者，也是默默無聞的幕後英雄。我們榮幸地向小讀者們推薦這部《中國古代生活大百科》，嘗試從中國史的巨大框架出發，透過身邊的事物、嚴謹的考據、寫實的繪畫、細膩生動的敘述語言，通過還原真實場景的角度敘述中國歷史發展與變邊。在這個過程中，萬事萬物的起源被塑造成為主角，人類則是見證奇跡的觀眾，而我們能夠經歷這一切，是何等有幸。

　　現在，寶盒即將開啟，少年們，你們做好準備了嗎？

聯合國教科文組織
國際自然與文化遺產空間技術中心常務副主任、秘書長

洪天華

目　錄

序 • 4

衣

人類最早的衣服 10
中國最早的縫紉工具 12
織出來的衣服 14
不一樣的衣服 16
方便的胡服 18
皇帝的士兵 20
行走的絲綢 22

魏晉又寬又大的衣服 24
奢華的錦步障 25
北魏人學習穿漢服 26
隋朝衣飾顏色的魅力 28
帥氣的唐朝男子 30
愛打扮的仕女 32
宋朝奇特的帽子 34

《清明上河圖》中的衣服 35
遼朝獨特的髮型 36
毛茸茸的棉花 38
棉紡織專家黃道婆 40
明朝衣服上的畫 42
明朝了不起的帽子 44
不准穿漢服的清朝 46

上朝了 穿甚麼 48
剪辮子 穿新衣 50
下雨了 穿甚麼 52
抽絲剝繭 54
穿鞋戴帽 56
士兵們的防護服 58

食

帶來溫飽的火 62
人類學會了烹調食物 64
狩獵與捕魚 66
懂得耕種 68
我們有了「鍋」.................70
王的筵席 72
古老的用餐禮儀 74

戰國農業大改善 76
五穀與蔬菜 77
百味之首——鹽 78
食物的儲存 80
來自西域的美味 82
漢朝廚房的秘密 84
西晉丞相日食萬錢 87

唐朝燒尾宴 88
來到宋朝轉一轉 90
契丹的頭魚宴與頭鵝宴 92
美味的元朝烤全羊 94
漂洋過海的食物 96
番薯的故事 98
清朝皇帝的一餐 100

受歡迎的火鍋 101
南北主食與西餐 102
瓊漿玉露——酒 104
中國的千年飲料——茶 106
酸甜苦辣鹹 108
節日中的美食 110

住

自然饋贈的禮物 114

在逆境中生存 116

新的嘗試 118

遙遠的氏族村落 120

王的宮殿 122

從秦朝阿房宮到漢朝未央宮 124

磚瓦上的藝術 126

高台上的詩歌 128

東漢亂世中的塢堡 131

南朝四百八十寺 132

唐代的外交和房屋 134

清明上河圖 137

元代永樂宮的精湛工藝 138

仰望星空 140

營建北京城 142

堅固的城堡 144

皇帝的書房 147

太和殿上的瑞獸 148

皇城的南大門 151

四合院裏的規矩多 152

中國三大九龍壁 154

古代的「銀行」..................156

變化中的房子 158

小橋流水人家 160

不一樣的房子 162

行

走出來的路 166

最初的船 168

車從哪裏來？..................170

服牛乘馬的王朝 172

如果在周朝旅行 174

馳馬難追 175

了不起的水運 176

第一條人工運河 178

第一次海戰 179

懸崖峭壁上的金牛道 180

胡服騎射 181

想要遊遍天下 182

著名的絲綢之路 184

古老的大運河 186

一騎紅塵妃子笑 188

走了五萬里的和尚 190

海上絲綢之路 192

繁忙的汴河 194

馬背上的民族 196

西方的旅客 197

鄭和的寶船 198

落後就要捱打 200

第一條中國人設計的鐵路 202

「鐺鐺鐺」，車來了 204

飛到天上去 206

古代的那些車 210

我們這樣過河 212

衣

人類最早的衣服

在很久以前，人類還是古猿時，身上長了很多體毛，就像大猩猩一樣。人類在進化的過程中，身上的毛髮愈來愈少，最終幾乎全部退化。人類沒有了體毛，不再被跳蚤和討厭的寄生蟲騷擾。但是到了寒冷的冬天，人類又羨慕起滿身毛髮的動物。為了不受風吹日曬，防禦蚊蟲叮咬，人類想到用植物的葉子來保護身體，可能這就是人類最早的「衣服」吧！樹葉「衣服」雖然能起到一丁點兒保護身體的作用，但是到了冬天並不暖和。

10

那麼，遠古人類怎麼捱過寒冷的冬天呢？原來，遠古人類很早就學會了用火取暖，但如果離開火源還是會被凍僵；後來有人將被丟棄的動物毛皮披在身上，沒想到保暖效果很好，身體立即暖和起來。從此，獸皮就成為人類第二代「衣服」。

用獸皮做成的「衣服」不僅能保暖，還能幫助原始人類偽裝自己，從而迷惑獵物。原始人類常常披着整張獸皮去接近獵物，等到獵物發現不對勁時，早已沒有逃跑的機會了。

11

中國最早的縫紉工具

大約三萬年前，在今北京房山區周口店的山頂洞裏住着一群原始人，我們稱其為山頂洞人。山頂洞人用動物骨頭磨製出又細又長的骨針，這就是中國最早的針。山頂洞人用鋒利的石器、骨器等工具將獸皮分割成塊，再按照每個人的高矮肥瘦用骨針來縫合獸皮，這就縫出了更合身、更保暖的皮衣。除了縫製成皮衣，他們還把獸皮拼在一起，既可以掛在洞口遮風擋雨，又可以蓋在身上禦寒。

狩獵歸來

磨製骨針

縫製皮衣

製作項鏈

晾乾獸皮

12

不僅如此，聰明的山頂洞人還很愛美，他們學會了用一些小物件製作飾品來打扮自己。

他們在動物的牙齒、海蚶（粵：ham¹，讀堪。普：hān）殼及小石子等小物件上鑽出孔洞，再用骨針和皮條將它們穿起來，一件精美的飾品就做好了。可能是山頂洞人覺得飾品的顏色有些單調，於是他們將一種紅色的礦石研成粉末，用來為飾品染色。這樣一來，他們製作的飾品更加漂亮了。

中國最早的骨針

1933 年至 1934 年，考古工作者在北京周口店發掘「北京猿人」遺址時，在遺址頂部的山洞中發現了這枚骨針，是中國迄今發現的最早縫紉工具。

山頂洞人的飾品

三萬年前的山頂洞人已經有了審美意識，他們喜歡用動物的牙齒、海蚶殼及小石子等小物件製作成項鏈等飾品。

山頂洞人的皮衣

有了骨針的山頂洞人可以縫製出更加合身的皮衣。

切割獸皮

穿上新皮衣

挑選獸皮

13

▶ 織出來的衣服

人類又是甚麼時候開始用布做衣服的呢？古代典籍中記載「伯余之初作衣也」。伯余是黃帝時期的一位大臣，也是史書上記載最早用麻或葛（粵：got³，讀割。普：gé）做衣服的人。但實際上中國最早用布做衣服的人要比伯余早很多年。

早在 6000 多年前的新石器時代，河姆渡人和半坡人就已經掌握了原始的紡織技術，也就是在那時，人們穿上了用麻布或葛布做成的衣服。

6000 多年前的古人有很多飾品。除了佩戴各種獸牙、貝殼項鏈外，人們還用骨笄來裝飾和固定頭髮，用陶環和石環裝飾手腕，就像今天人們佩戴的髮簪（粵：zaam¹，讀參。普：zān）和手鐲。

陶環

6000 多年前，愛美的半坡人用泥土燒製出漂亮的陶環，用來裝飾自己的手腕，就像今天的手鐲。

飾品

半坡人喜歡用貝殼和動物的牙齒做成飾品。他們將鑽孔的獸牙和貝殼用繩子穿起來，並掛在脖子上，這就是 6000 多年前的項鏈。

骨笄

笄（粵：gai¹，讀雞。普：jī）是用來束髮的飾品，同時又有鑽、刺等多種用途，大多用獸骨製成，也有用玉石製作的。

長高了，要換新衣服了！

織布
原始的織布工具叫做「腰機」。

縫製衣服

晾曬
將煮過的麻絲曬乾。

採麻歸來

小狗

煮麻
用石灰水煮製麻、葛的外皮，去掉膠質。

紡輪紡線
轉動紡輪，可以將纖維拉細，捻出麻花狀的線。

剝麻
剝下麻的外皮。

甚麼是麻？葛又是甚麼呢？

苧（粵：cyu⁵，讀柱。普：zhù）麻、火麻以及葛的外皮含有堅韌的纖維，是最早的織布原料。6000 多年前，人們在不經意間發現了麻、葛等植物可以抽出長而堅韌的纖維，於是人們將纖維搓成繩子，用來編織漁網。後來人們又發明了紡輪，這種工具代替了手工搓線，轉動紡輪捻出的線又細又好，速度還很快。人們將植物纖維捻成線後，又使用原始的織機將線織成布，然後再縫製成衣服。麻布和葛布製成的衣服既輕又薄，夏天穿起來要比獸皮涼快多了。

麻的外皮纖維

麻布

麻布
新石器時代，我們的祖先開始用麻和葛的外皮織布，從此，人們穿上了布做的衣服。

苧麻
苧麻是一種多年生草本植物，原產於中國西南地區。苧麻的纖維堅韌、柔軟，用它織出來的布既透氣，又涼爽，特別適合夏季穿着。因此，苧麻織成的布又叫「夏布」。

大麻
大麻，又叫火麻、漢麻，是一種一年生草本植物，高可達兩米左右。它的外皮纖維長而堅韌，可用於織布、紡線等。大麻除了莖皮纖維可用於紡織外，種子也可以用於榨油和食用。

葛
葛是一種多年生藤本植物，它的外皮纖維可以用來織布、造紙，塊根可以食用。傳說，堯在炎熱的夏天穿的就是「葛衣」。

15

樂師

祭品

天子

大臣

●不一樣的衣服

大約 4000 多年前，夏王朝建立。夏朝的君主把原本屬於所有人的國家據為己有，就連人民也成為君主的財產。夏王把一切都分了等級，他的房子比任何人的都要大，他的衣服自然也要比任何人的都華麗。

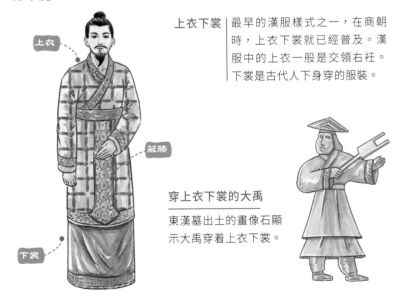

上衣

蔽膝

下裳

上衣下裳 | 最早的漢服樣式之一，在商朝時，上衣下裳就已經普及。漢服中的上衣一般是交領右衽。下裳是古代人下身穿的服裝。

穿上衣下裳的大禹

東漢墓出土的畫像石顯示大禹穿着上衣下裳。

交領右衽

交領右衽是漢服的基本特徵，穿衣時，左衣襟在上，遮蓋住右衣襟，使左右衣領形成交叉狀，看上去就像小寫的英文字母「y」。

商朝時的衣服已經分為了上衣和下裳；上衣是交領右衽（粵：jam[6]，讀任。普：rèn）的樣式，後來這種左衣襟遮蓋右衣襟的右衽服飾被世代沿襲，並成為漢服的主要特徵。下裳是古代人下身穿的服裝，是從原始人圍遮身體的獸皮演變而來，就像今天的裙子。也就是從那時起，上衣和下裳合起來叫作「衣裳」。古代人身前還有一種被稱為「蔽膝」的服飾，用於遮蔽大腿至膝蓋的部分。

天子的禮帽

周朝天子的禮冠又叫作冕（粵：min⁵，讀免。普：miǎn），冕的頂部有一塊長長的冕板，冕板前後掛着用玉珠串成的「旒（粵：lau⁴，讀流。普：liú）」，一串玉珠為一旒，玉珠和旒的數量及材質決定了禮冠的等級。最高級別的禮冠前後各有 12 旒，每旒要串12 顆玉珠。

冕板

旒

到了周朝，周公制定了一套嚴格的禮儀制度，把服裝分為了不同的等級。這樣一來，人們要按照自己的身份，穿不同的衣服。周朝天子每天的穿着是頭等大事，如果參加祭祀、登基等重要活動，天子就需要戴上綴有寶石的禮冠，穿上繡着各種花紋的禮服。周朝天子的禮服有很多種，級別最高的禮服稱為章服或冕服，上面繡着 12 種圖案，這種華麗的禮服只有在出席重大活動時才會穿。

上衣
交領右衽的大袖上衣。

大帶
繫於腰間的寬絲帶。

章紋
天子冕服上的紋飾。

革帶
皮革製成的腰帶。

蔽膝
用皮或絹製成遮蓋大腿與膝蓋的服飾。

下裳
下身穿的服裝。

舄
舄（粵：sik¹，讀色。普：xì）是一種厚底鞋。

天子的冕服

天子的冕服

冕服是古代男子參加祭祀等重大活動時穿的禮服。天子的禮服級別最高，主要由冕冠、上衣、下裳、舄、蔽膝、革帶、大帶及十二章紋等組成。

善於騎射的胡人

追趕的趙國士兵

▶方便的胡服

　　春秋戰國時期，人們的衣櫃裏除了上衣下裳，還有一種叫「深衣」的衣服。這是一種上下連體像袍子一樣的衣服，深衣不分等級，不分男女老幼，任何人都可以穿，而且穿起來很方便。戰國時期，並不是所有人都穿長長的深衣，當時的趙國就是個例外。趙國地處北方，一直受胡人騎兵的侵擾，趙武靈王為此苦惱不堪。

　　後來，他發現胡人之所以來也快，去也快，是因為他們以騎兵為主，而趙國以笨重的戰車為主。趙武靈王覺得有必要學習胡人騎馬。但他很快就遇到了一個大問題：中原人身穿寬大的衣裳和袍子，根本不適合騎馬。最重要的是，當時的中原人還沒有穿褲子的習慣，最多只穿一種沒有褲襠的「脛衣」，其實就是兩條褲腿，這樣一來，騎馬更不方便了。

不適合騎馬的袍子

女子的曲裾深衣

男子的深衣

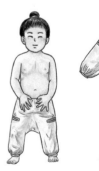

滿襠褲

開襠褲

中原穿長袍鎧甲的士兵

方便的胡服

騎馬的胡人

脛衣

引進褲子

趙武靈王改革服飾之前，人們只是把褲子作為內衣來穿。當時的褲子與今天的大不相同，都是開襠褲，有的褲子只是穿在小腿上的套筒，稱為脛衣。趙武靈王改革服飾後，有襠的褲子被引進到中原，人們這才有了可以外穿的褲子。

為甚麼不能學習胡人，穿上他們的短衣短褲呢？趙武靈王深思熟慮後，決定改革趙國的服飾。趙武靈王穿上胡人的短衣短褲接見大臣們，大臣們被他嚇了一跳。他的叔叔帶頭反對，覺得這樣做違背禮制。後來趙武靈王當着大臣們的面，穿着胡服演示騎馬射箭，並耐心地講解胡服的好處。最後大臣們都被他說服了。就這樣，趙國上下都穿上了胡服，褲子也因此被引進中原。

▶皇帝的士兵

秦國的嬴政統一中國，建立了秦朝，把自己稱為皇帝，因此後世稱他為「秦始皇」。當上皇帝的嬴政大刀闊斧地改革，他除了統一幣制、文字和度量衡外，還對服飾進行了改革。秦始皇廢除了周代的六種冕服，只保留一種黑色的禮服。這是為甚麼呢？

原來，秦始皇迷信地認為，秦國代表五行中的水，水又對應黑色；而周朝代表火，對應紅色。秦滅了周就像是水澆滅了火，所以秦始皇崇尚黑色。秦始皇喜歡黑色，並不等於所有人都可以穿黑色。

秦朝衣服顏色
秦朝的普通人和士兵沒有資格穿黑色衣服，他們的衣服還是其他顏色的。特別是秦朝的士兵，他們的衣服有紫色、粉色、綠色及橘黃色等顏色。

兵馬俑
1974 年，秦始皇陵兵馬俑被發現，它們出土的時候，就像真人一樣穿着各種顏色的衣服，但沒過多久，陶俑的顏色就氧化脫落了。

髮髻

鎧甲
秦兵的防護服。

皂袍
黑色的深衣。

褲子

屨
鞋子。

兵馬俑穿甚麼？

秦始皇會穿着黑色服飾來到校（粵：gaau³，讀教。普：jiào）場，觀看帝國的士兵操練武藝。在校場上，將軍指揮士兵比試武藝，熱鬧的校場就像是比賽的運動場。持劍拿矛的步兵、持弩（粵：nou⁵，讀腦。普：nǔ）的射手以及騎馬的騎兵各自展示武藝，他們誰會贏得比賽呢？

兵馬俑的髮型

秦兵的髮髻很有意思，他們的髮髻大多偏向頭部的一側，並不是束在頭部中間。

騎兵

步兵

記錄勝負

將軍

秦始皇

弩兵

這種錦多少錢？

●行走的絲綢

　　劉邦結束了楚漢之爭，建立了漢朝。連年的戰爭使社會動蕩，人民流離失所。劉邦為了使人民休養生息，想了很多方法，其中鼓勵農桑的方法起了很大的作用；因為吐絲的蠶就長在桑樹上。不久之後，漢朝的絲織業蓬勃發展起來，絲織品的品種和工藝也愈來愈豐富。漢朝時流行一種比蟬翼還薄的透明單衣，套在深衣長袍的外面。這是一種用極細的絲線織成紗，再用紗做成不足一兩重的單衣。

　　漢武帝時，張騫出使西域，與西域各國建立了來往關係。當時，中原生產的絲綢受到了西域各國的歡迎，也成為西域商人主要購買的商品，所以這條連接中原和西域的重要的貿易線路被稱為「絲綢之路」。

素紗單衣

1972 年，在湖南省長沙市馬王堆漢墓出土的素紗單衣薄如蟬翼，它的衣長 160 厘米，通袖長 195 厘米，整件單衣的重量只有 48 克，折起來後可以輕鬆裝進火柴盒裏。

「五星出東方利中國」織錦

1995 年，考古工作者在新疆尼雅遺址中發現了很多絲織品，其中就有一件保存完好的方形護臂。這是一件織有「五星出東方利中國」八個文字和花紋的絲織品，屬於漢代織錦。

提花織機
能在織物上織出花紋的紡織工具。2013 年，成都老官山西漢墓中出土了四台木製提花織機模型，這是截至目前世界上最早的提花織機。

織錦

真好看，我要用錦做件好衣裳！

挑選絲綢

經

緯

布的經及緯

　　在絲綢之路上，錦的銷量非常好，西域各國的貴族非常喜歡這種絲織品。錦是一種帶有彩色圖案和花紋的絲織品，是絲綢中最昂貴的，古人常常用錦衣玉食來形容奢侈的生活。買錦要用到金子，可以說是寸錦寸金。錦為甚麼那麼昂貴呢？原來錦的織造難度非常高，在一平方厘米的範圍就有上百根經線和幾十根緯線，還要織出各種花紋，熟練的織錦工人一天一夜不睡覺也織不到半米。

　　巴蜀是漢朝絲織品的生產地之一。這裏生產的蜀錦非常有名氣，為漢朝帶來了不少收入。為此朝廷在蜀地設立了錦官，專門管理織錦行業。織錦要用到織機，漢朝的織機設計非常精巧，可以織出漂亮的圖案和花紋，這種織機叫作「提花織機」。提花織機一兩個人就能操作，是當時世界上最先進的紡織機器。

●魏晉又寬又大的衣服

　　東漢末年，曹丕逼迫漢獻帝禪讓帝位，取代漢王朝，建立了曹魏，後來司馬炎用同樣的方式建立了晉朝。在魏晉這 200 年間，戰火連連，社會並不安定。有一些有才學的名士不喜歡當時的朝廷，也不願意參與國家政事。為了逃避現實，他們四處遊玩，沉醉在美酒和詩歌中。他們在穿着上也不在乎別人的看法，喜歡穿又寬又大的袖衫，在腰間繫着長帶，走起路來衣袂（粵：mai⁶，讀咪。普：mèi）飄揚，非常灑脫。當他們興高采烈時，還會袒胸露背，吟詩作對。袒胸露背在當時被認為是一種名士風度，人們競相仿效。漸漸地，各階層人士都開始穿着又寬又大的衣服，使之成為魏晉時期的流行服飾。

步障

富貴人家出門時，用布等織物遮住路的兩側，從而使家眷不被路人看見。

侍者

大富翁

乞丐

● 奢華的錦步障

　　西晉是一個短暫的朝代，在西晉存在的 51 年間，不管是皇帝還是大臣，生活過得都非常奢靡，根本不在乎人民的疾苦。當時晉武帝的舅舅王愷與大臣石崇鬥富，為了展示自己的富有，用貴重的紫絲布做道路兩旁的步障，長度有 40 餘里。而大富翁石崇並不認輸，竟然用價格堪比黃金的錦緞做步障，長度有 50 里。西晉有這樣的貴族和大臣，又怎麼會長久呢？

放風箏

穿袴褶的男子

穿長袍的男子

▶北魏人學習穿漢服

　　北魏是由鮮卑族建立的政權。在這一時期，政局混亂，戰亂頻繁，各族人民為了逃避戰亂，四處遷徙。原本生活在北方的胡人遷到中原，與漢人混居在一起。慢慢地，胡人喜歡上了漢人的長衣長袍，漢人也接受了胡人的短衣短褲。在這一時期，古人的服飾隨着統治者的喜好換來換去，今天穿長袍，明天穿短衣，沒有固定的穿衣規則。

褶
——
褶，也就是上衣，有長有短，有對襟和交領等不同的款式。

袴
——
袴是一種非常肥大的褲子，古人為了方便騎馬和勞動，還會在褲子的膝蓋處用絲帶扎起來，又稱縛袴。

袴褶
——
北方胡人的下褲和上衣。

穿袴褶很適合下農地工作

偷穿胡服的太子

元恂（粵：seon[1]，讀詢。普：xún）是北魏太子，孝文帝的長子。洛陽的夏天炎熱，太子為圖涼快，不顧皇帝的命令，帶頭脫掉了漢服，穿起了胡服，其他人也紛紛仿效。皇帝發現後，太子倉皇逃跑，並起兵反抗。皇帝平亂後，將太子賜死。

北魏有一位叫拓跋宏的皇帝，他看到了漢文化的博大精深，認為應該學習漢文化，這樣才能更好地統治一個多民族國家。有遠見的拓跋宏說做就做，他將鮮卑的拓跋姓改為漢族的元姓，命令所有人學漢語，甚至將國都遷到洛陽。這還不夠，他還下令禁止胡人穿胡服，只許穿漢人的長衣長袍，違令者要受到懲罰。一時間，胡人不敢再穿胡服，倒是漢人喜歡上了方便勞動的胡服。

女式裲襠

男式裲襠

裲襠

一種沒有袖子的衣服，就像今天的背心。南北朝時，裲（粵：loeng[5]，讀兩。普：liǎng）襠（粵：dong[1]，讀當。普：dāng）是男女都可以穿着的衣服。

不許再穿胡服！

快跑呀！

隋朝衣飾顏色的魅力

隋朝的歷史很短，只有 38 年。隋朝建國之初，隋文帝做了一些值得稱讚的事情，比如統一當時的中國，實行三省六部制等等。他還在服飾方面定下一些規則，比如，不同等級的官員要穿不同顏色的官服。隋文帝還是個節儉的皇帝，他在穿戴上並不那麼講究，平時愛戴一種並不華麗的幞（粵：fuk⁶，讀伏。普：fú）頭。

唐朝的開國皇帝李淵建國後頒佈了衣服令，更詳細地規定了不同品級的官員常服的顏色，用紫、紅、綠、青、黃等顏色來劃分。而皇帝自己則喜歡穿着柘（粵：ze³，讀借。普：zhè）黃、赤黃色的袍服。從此，人們可從官服的顏色分清官員的級別。

九品以上官員穿青色袍

大臣

皇帝

笏板

魚袋

三品以上官員穿紫色袍

五品以上官員穿紅色袍

七品以上官員穿綠色袍

幞頭

軟角幞頭

硬角幞頭

最初是古代男子用來裹髮的頭巾，後來發展成有骨架的烏紗帽。唐朝皇帝李世民穿常服時喜歡佩戴幞頭。很快，人們開始仿效皇帝，幞頭也成為唐朝最常見的帽子。

笏板

一般用竹子和象牙造成，是古代官員觀見皇帝時手中所持的板子。笏（粵：fat¹，讀忽。普：hù）板最初的作用是記錄皇帝的旨意，防止忘記。紙張普及後，笏板成為禮儀用品。

唐朝的「身份證」

魚符是一種魚形的符信，分左右兩半，中間一般會刻有凹凸的「同」字，是朝廷發給五品以上官員的「身份證」，一半由官員保管，一半在朝廷存放。使用時雙方拿出魚符，如果兩半的「同」字準確對上，就證明身份符合無誤，這也是「符合」和「合同」的由來。

魚袋

唐朝官員盛放魚符的袋子，多用金銀裝飾，掛在腰間。

晾曬

染色植物

蓼藍 | 一年生草本植物，中國南北各省均有栽培，葉子可以提取出靛藍色。

馬藍

馬藍，即板藍，爵床科多年生草本植物。它的莖葉可以提取出靛藍色。

栀子 | 茜草科植物，成熟的果實可以提取黃色素，作為黃色染料。

漂亮的衣服都離不開染色，唐朝初期，官府沿襲隋朝設立了織染署，專為宮廷紡織和染色。唐朝的染料大多是用植物提取的天然顏色。蓼（粵：liu⁵，讀了。普：liǎo）藍、馬藍等植物的葉子可以提取出靛（粵：din⁶，讀電。普：diàn）藍色；紅花、茜（粵：sin³，讀先。普：qiàn）草可以提取出大紅色。

唐朝時還流行一種叫夾纈（粵：kit³，讀揭。普：xié）的印花工藝，夾纈可以印出漂亮的對稱圖案，因為印染出的織物色彩斑斕，非常漂亮，受到當時人們的追捧。

紅花

菊科一年生草本植物，原產於中亞地區。花含有紅色素，是古代提取紅色染料的植物之一。

刻板

晾曬

把布夾好

放入染缸

夾纈

唐朝流行的一種印染方法，在印染時，用兩塊鏤空的模板將要染的布緊緊夾起來，然後在鏤空處染上不同的顏色。除此之外，還可以在鏤空處塗上蠟等防染劑，再把布放到染缸裏浸染，等到除去蠟後，被覆蓋的部分就會顯出白色花紋。

夾板

姜黃 | 多年生草本植物，它的根莖既是中藥材，又可以提取出黃色染料。

茜草

茜草科植物的根莖是古代提取紅色染料的來源之一。

詩人

測字算命
測字

蹴鞠
類似於今天的足球。

穿胡服

胡人

小狗

小狗

帥氣的唐朝男子

唐朝是個開放、包容的朝代，西域各國都願意與唐朝交往，各國的商人也紛紛來到中國經商。如果你穿越到唐朝的長安，你會看到繁榮的街道上到處都有捲鬍子、穿胡服的西域人，運氣好的話還能看到印度人和波斯人。但有一點需要提醒你，穿胡服的不一定就是胡人，唐朝的男女受西域胡人的影響，也喜歡穿一種叫翻領袍的胡服，所以還要從長相上區分。

翻領袍｜唐朝時，人們喜歡穿胡服，有些胡服的領子向外翻開，很像今天西服的領子。

說到胡服，唐朝的男子都喜歡穿一種叫襴（粵：laan⁴，讀蘭。普：lán）袍或襴衫的衣服，襴袍的圓領就是從胡服中演變而來的。襴袍是一種上下一體的衣服，長度剛好沒過膝蓋，露出靴子。襴袍最大的特點是在膝蓋以下補綴了一圈下擺，稱為「襴」，用來象徵下裳。

幞頭

襴衫

蹀躞帶

蹀（粵：dip⁶，讀碟。普：dié）躞（粵：sit³，讀泄。普：xiè）帶是唐朝男子的一種腰帶。這是一種多功能腰帶，上面可以掛很多小東西，比如小刀、手巾及算袋等。

算袋

古代官員隨身攜帶，用來裝算籌或筆墨等物品的小包。

褌

合襠的褲子當時稱為「褌」（粵：gwan¹，讀軍。普：kūn）。

靴子

穿襴衫的男子

除了襴袍，唐朝男子還喜歡穿一種開衩的袍衫，叫作缺胯袍。這種袍從胯部以下開衩，最早是作為軍衣，為的是方便士兵騎馬打仗。後來人們發現，這種開衩的袍衫非常適合工作和騎馬，因此受到了老百姓的喜愛。官府看到滿大街的人都穿缺胯袍，就將它列為最低等的衣服，是平民百姓日常的穿着。

缺胯袍

缺胯袍方便騎馬

方便坐臥

●愛打扮的仕女

唐朝女子的地位很高，超過了中國歷史上任何一個朝代。她們可以騎馬，可以穿男裝，可以穿袒胸露臂的衣服，甚至還可以當皇帝。唐朝女子很愛美，她們的衣服華麗，種類繁多。唐朝女子要是出門，一定會穿上襦（粵：jyn⁴，讀如。普：rú）衫，配上漂亮的長裙，襦衫外有時還會套上時尚的半臂，披上漂亮的帔（粵：pei³，讀屁。普：pèi）帛，走起路來帔帛隨風擺動，漂亮極了。

武則天

中國歷史上唯一正統的女皇帝。

半臂

帔帛

襦衫

長裙

畫眉毛

唐朝女子特別喜歡畫眉毛，從初唐到晚唐，眉毛的樣式已發展出十幾種，就連未成年的女孩子竟然也模仿大人畫眉毛，唐朝詩人李商隱的《無題》一詩中就有提及：「八歲偷照鏡，長眉已能畫。」

花鈿

古代女子貼在額頭上的花飾。額間飾花鈿（粵：tin⁴，讀田。普：diàn）並不是起源於唐朝，據說源自南朝。傳說南朝的壽陽公主在屋簷下休息，一陣微風吹來，一朵梅花落在她的額間，等她醒來時，發現梅花在她的額間留下了淡淡的花痕，且久洗不掉，因此又叫梅花妝。

螺髻　　　垂髻　　　倭墮髻　　單刀半翻髻

仕女的髮髻

唐朝女子除了在面容上打扮自己，也會在頭髮上花心思。唐朝女子的髮髻各式各樣，種類繁多，像宮中流行的半翻髻、螺髻，以及侍者常梳的垂髻等，多達幾十種。

絹花

唐朝女子除了注重穿着，也十分講究自己的容貌。她們喜歡在額頭貼上各種形狀的花鈿，描畫不同樣式的眉毛。

唐朝女子每天都會梳各式各樣的髮髻，還要在髮髻上插上鮮花，像牡丹、芍藥、荷花、海棠花等一些應季的鮮花都是她們的選擇。

到了冬天，沒鮮花該怎麼辦？這可難不倒愛美的唐朝女子。她們用絹、絲等織物做成逼真的仿真花，替代真花戴在髮髻上。

簪花

晚唐愛美的女子將應季的鮮花插在髮髻上作為裝飾。到了宋朝，男子也開始簪花，上至皇帝，下至百姓都以簪花為美。

黃袍加身

戴軟腳幞頭的文人

戴交腳幞頭的官吏

戴平式幞頭的平民

戴曲腳幞頭的樂人

宋朝奇特的帽子

公元 960 年，身為後周大將的趙匡胤在陳橋驛發動兵變，親信們擁立他為皇帝，並為他披上象徵九五之尊的黃色袍子。後來趙匡胤取代了後周，建立了宋朝。

每一個朝代建立後都會在前代的基礎上對服飾做一些調整。宋朝的第一任皇帝趙匡胤將赭（粵：ze²，讀者。普：zhě）黃、淡黃定為皇帝常服的顏色，官員們的服飾也延續了唐朝的制度，公服用紫、紅、綠、青等顏色以及花紋來區分等級。

幞頭是宋朝男子最常見的帽子，不管皇帝還是百姓都可以戴，只不過不同身份的人要戴不同樣式的幞頭。品級較低的文人雅士戴圓頂軟腳幞頭；官差及官史戴交腳幞頭；平民百姓戴平式幞頭。

交頭接耳的大臣

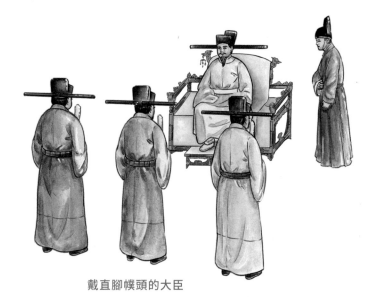

戴直腳幞頭的大臣

宋朝有一種直腳幞頭，是皇帝和官員們經常佩戴的樣式。直腳幞頭的特點是在方形的帽子兩側伸出兩根長而直的腳，就像兩只長長的翅膀。這種特別的幞頭傳說是趙匡胤的發明，趙匡胤當上皇帝以後，發現大臣在朝會上常常交頭接耳，說悄悄話，完全不遵守朝會紀律。於是，他命人在帽子兩側插上二尺長的翅膀，這樣大臣站在朝堂上就會保持一定的距離，再也不能交頭接耳，說悄悄話了。不過，這種插着長長展腳的幞頭在晚唐五代就已經存在，所以很可能不是趙匡胤的發明。

●《清明上河圖》中的衣服

宋朝時，規定平民百姓不得穿紫、紅、綠、青等與官服一樣顏色的衣服，只能穿黑色、白色的衣服，一旦違反了規定，就會被治罪。但愛美的宋朝人並沒有理會這個規定，依然穿着多彩的衣服。在宋朝很少有人穿翻領的胡服，因為宋朝的皇帝並不喜歡胡服，還把這種服飾定為「妖服」。

《清明上河圖》是北宋的宮廷畫家張擇端創作的風俗畫，他將北宋都城東京的市井風貌栩栩如生地畫到了絹上。畫中的人物很多，他們的身份各異，有官員、文人雅士、商販、平民，還有道士等等。他們的穿着也不一樣，有的戴幞頭，有的戴斗笠，有的穿背子，有的穿袍子，有的穿短衣長褲，我們一起來看看吧！

戴帷帽的女子

帷帽是一種高頂寬檐的帽子，帽檐周邊罩着一層垂到肩膀的紗簾。這是古代女子出行時，為了遮擋面容而設計的一種帽子。

帷帽

穿涼衫的官員

涼衫是一種圓領的袍衫，一般披在外面，因是用白色絲布製成的，所以又被稱為白衫。

拿扇子的男子

古人的扇子除了可以扇風納涼外，還可以遮臉。古人遇到不想見的人時，拿扇子遮擋住臉即可，這種扇子又稱為「便面」。

穿道袍的道士

宋朝的道士一般穿黃色的袍子，戴黃色的冠。

穿褐衣的百姓

褐衣是用粗織的麻布做成的上衣，因衣長較短，適合普通工人穿着工作。

戴斗笠的小販

斗笠是用來遮陽避雨的帽子，一般用竹子、棕絲等編織而成。

穿背子的婦女 ｜ 背子是宋朝人最普遍的服飾之一，不論男女老幼都可以穿。背子有多種樣式，其中一種對襟開胯式最受人們的歡迎。

穿背心的車夫

背心，從裲襠發展而來，《清明上河圖》中有很多普通工人穿着涼快的背心。

遼朝獨特的髮型

遼朝是由契（粵：kit³，讀揭。普：qì）丹人建立的王朝。在中國歷史上，遼朝是第一個實行「一國兩制」的朝代。遼朝的皇帝將漢人和胡人分開管理，允許漢人保留漢族的習俗，所以遼朝的漢族服飾並沒有太大的變化。契丹人也保留着契丹族的生活習慣，穿着傳統的胡服。

契丹族是遊牧民族，來自遼闊的大草原。古代的漢人稱他們為胡人，稱他們的衣服為胡服。契丹人的胡服大多以圓領的袍子為主，不論是皇帝還是平民都可以穿。與漢服的袍子不同的是，契丹人的胡服是左衽式的袍子，與漢人的右衽服飾正好相反。

準備狩獵

馬

摔跤
以摔倒對手為勝的運動。

留髡髮

遼朝的契丹男子不論身份高低，都要按照契丹族的傳統習俗，剃一種特殊的髮型。這種髮型稱為「髡（粵：kwan¹，讀坤。普：kūn）髮」，就是將頭頂的部分頭髮剃掉，按照年齡保留額前或兩鬢的頭髮作裝飾。有的只將頭頂的頭髮剃掉；有的剃掉周圍的頭髮，只保留前額的一排頭髮；有的只保留耳朵周圍的頭髮，剩下的頭髮全部剃掉。

騎射

左衽

契丹族的左衽服飾與漢服的右衽正好相反，穿衣時，右衣襟在上，遮蓋住左衣襟，看上去像是反轉的小寫英文字母「y」。在古代，部分少數民族穿左衽服飾。

髡髮

在古代，部分地區的少數民族以留髡髮為習俗，遼朝的每個契丹男子都要留髡髮。

弓箭

契丹族是遊牧民族，軍隊主要是騎兵，他們擅長騎射，弓箭是他們最拿手的武器。

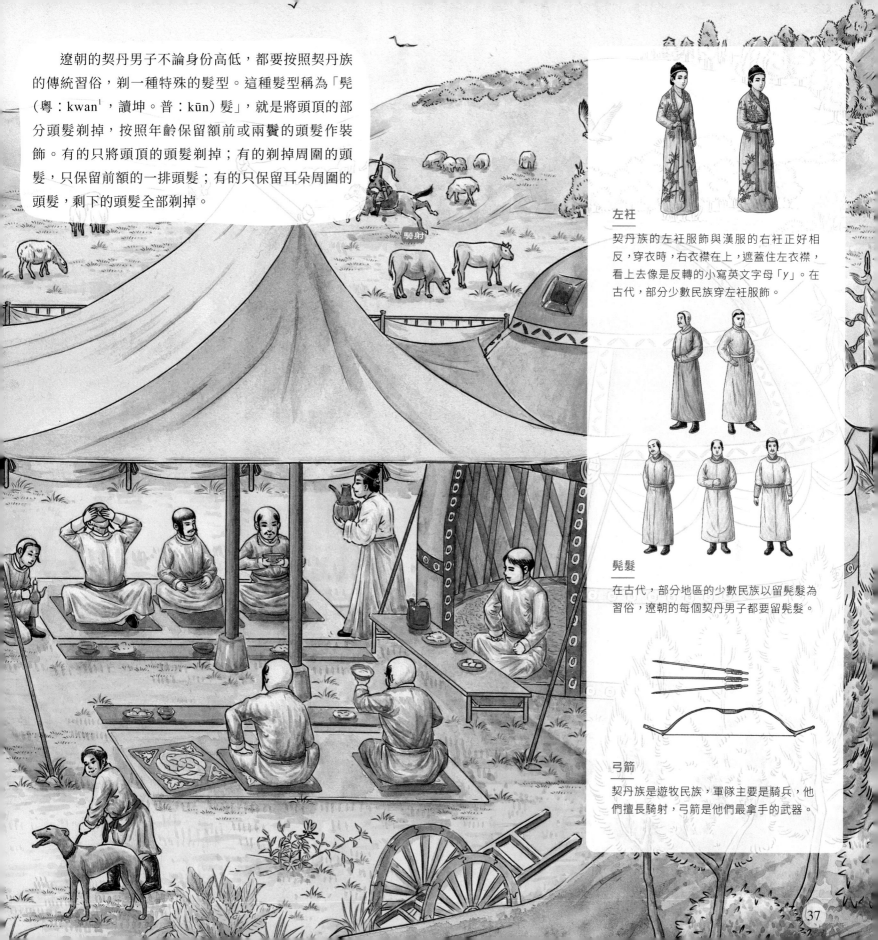

● 毛茸茸的棉花

棉花的蒴（粤：sok³，讀索。普：shuò）果裂開後，會露出毛茸茸的棉絮。棉絮可以織成棉布，還可以填充被褥，做成暖和的棉襖。但你知道嗎？棉花並不是中國土生土長的植物，而是「兵」分兩路，從遙遠的非洲和印度傳到中國的。

在中國還沒有大量種植棉花時，古代的平民大多穿麻布、葛布做成的衣服，富人則穿珍貴的絲綢。到了冬天，富人穿動物皮毛做成的裘（粤：kau⁴，讀求。普：qiú）皮或蠶絲做的絲綿填充的衣服。平民則用木棉的棉絮填充衣物。

木棉

木棉又名攀枝花，是一種高大的樹木，產於雲南、四川及福建等亞熱帶地區。春天時，木棉樹會開出碩大的紅花，花落後會結出蒴果。夏天時，蒴果會裂開，露出棉絮，果內的棉絮可以作為被褥、棉衣的填充物。

木棉的蒴果

木棉的棉絮

穿不起棉衣的窮人

穿裘皮的員外

棉花來到中國的時間不算晚，大約在漢朝時新疆地區就已經開始種植棉花，而它的名字並不叫棉花，而是叫「白疊子」，棉花織成的布叫「白疊布」。當時這種白疊布還通過絲綢之路賣到了中原，成為一種很稀罕的布。

大約在唐宋時期，棉花才通過陸上絲綢之路和海上絲綢之路來到中原。棉花剛到中原時，人們並沒有把它作為紡織原料，而是當作可以觀賞的花卉。

到了南宋末年，人們發現了棉花的真正用處，用它做成的衣服又輕又軟，既保暖又便宜，很快取代了皮毛做的衣服。從此以後人們開始推廣種植棉花，棉花做成的棉衣、棉襖、棉被成為中國人冬天的保暖法寶。

西域商人和白疊布

觀賞棉花

棉花填充棉衣

穿棉衣

棉花

棉花是雙子葉植物，錦葵科，棉屬，是唯一一種由種子生產纖維的農作物。原產於阿拉伯，在漢朝時，新疆已經種植，在宋朝時傳入中原。

花冠

棉花的花冠一般在清晨開放，剛開的花是乳白色，不久後會變成紅色、紫紅色，直至凋謝。

蒴果

棉花的蒴果叫作棉鈴，又稱為棉桃。蒴果初長時形狀像鈴鐺，所以叫棉鈴，蒴果成熟時形狀像桃子，因此又叫棉桃。成熟的棉鈴乾燥後逐漸收縮，並沿着縫隙裂開，吐出棉絮。

棉絮

棉桃吐出的棉絮其實是棉花種子上的棉纖維。

摘棉花

● 棉紡織專家黃道婆

「黃婆婆，黃婆婆，教我紗，教我布，兩隻筒子兩匹布。」這首民謠中的黃婆婆即是中國元朝著名的棉紡織專家黃道婆。

1 黃道婆十二、三歲時被賣給別人做童養媳，平時飽受公婆和丈夫的虐待，過着悲慘的生活。

2 後來她實在受不了這種生活，偷偷跑到黃浦江邊，躲藏到一條海船上。

3 黃道婆隨着海船來到了海南島的崖州。崖州淳樸的黎族人發現了身無分文的黃道婆，他們十分同情她的遭遇，並將她安置在部落裏。

在不斷的努力下，黃道婆成功改造出既省力又有效率的三錠（粵：ding⁶，讀定。普：dìng）棉紡車。後來她又改進了擀、彈、織等紡織工具。黃道婆的功績可不只這些呢，改進了工具後，她又改進織布工藝，人們按照她的方法，織出了帶有各種花紋的棉布。經黃道婆改進的烏泥涇棉布被賣到了大江南北，成為了棉布中的上等品。

改良織機 黃道婆根據自己多年的棉紡織經驗，和木工一起改進了織機，使織出的棉布更加細膩。同時，她也將自己的棉紡織技術毫無保留地教給鄉親們。

4 當時的崖州是中國最早種植棉花的地方之一，棉紡織工藝比較先進。黃道婆在這裏與黎族人一起工作，學習紡織技術。黎族人毫無保留地將紡織技術傳授給她。

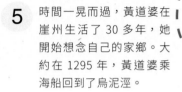

5 時間一晃而過，黃道婆在崖州生活了 30 多年，她開始想念自己的家鄉。大約在 1295 年，黃道婆乘海船回到了烏泥涇。

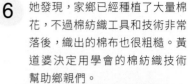

6 她發現，家鄉已經種植了大量棉花，不過棉紡織工具和技術非常落後，織出的棉布也很粗糙。黃道婆決定用學會的棉紡織技術幫助鄉親們。

7 她一邊教授鄉親們棉紡織技術，一邊讓木匠改造紡織工具。

烏泥涇被

黃道婆把崖州被的織法傳授給當地婦女，人們根據她總結的織造技術，織出了帶有折枝、團鳳和字樣等花樣的織物。一時間，這種帶有花紋的布面受到人們的歡迎，黃道婆也成為一位偉大的紡織專家。

紡車

當時烏泥涇的單錠手搖紡車和三錠腳踏紡車一直用來紡麻線，當紡棉時，棉紗很容易斷開，根本不適用。黃道婆和木工一起改進三錠腳踏紡車的竹輪等地方，研製出了更加省力、高效的棉紡車。

軋棉車

軋棉車是把棉花去籽的工具，最初，棉花去籽需要用手剝，效率很低。黃道婆發明了一種用兩根軸互相擠壓、摩擦，將棉籽擠出來的手搖軋棉車。後來人們改進了黃道婆的手搖軋棉車，製造出可一人操作的軋棉車。

彈花弓

黃道婆將當時一尺多長的小彈花弓加長到四尺左右，又將原來的線弦改成更有彈性的繩弦。改進後的彈花弓更有彈性，效率更高。

明朝衣服上的畫

元朝末年，官吏腐敗，統治者變本加厲，找出種種理由增加農民賦稅，使農民難以承受，最終引發了農民起義。在起義的各路大軍中，曾經做過和尚的朱元璋獲得了最後的勝利，建立了明朝。

朱元璋當上了皇帝以後，第一件事便是制定服飾的制度。他首先下令禁止所有人穿胡服、說胡語，然後恢復漢族的傳統習俗，按照唐宋的風格制定了服飾的制度。

古代的皇帝都稱自己是真龍天子，把自己比作天上的龍。唐宋以前，龍紋就是皇帝的大禮服袞（粵：gwan²，讀滾。普：gǔn）服上最重要的圖案。遼金元時，龍紋還成為皇族專用紋樣，禁止民間使用。到了明朝，朱元璋認為自己的黃袍上也應該「畫」上龍紋，這樣才能時刻表明自己真龍天子的身份。

朱元璋同時認為大臣的官服上也應該「畫」上各種臣服於龍的動物。於是他擔任總設計師，為不同級別的官員設計了不同的動物。從此以後，明清兩朝的官服前後都有方形的補子，文官官服的圖案是飛禽，武官官服上為走獸。這樣一來，從官服上的動物就能區分是文官還是武官了。

穿上龍袍的皇帝

武一、二品 獅子　武三、四品 虎豹　武五品 熊羆　武六、七品 彪　武八品 犀牛　武九品 海馬

* 羆（粵：bei¹，讀悲。普：pí）
* 鷳（粵：haan⁴，讀閒。普：xián）
* 鸂（粵：kai¹，讀溪。普：xī）
* 鶒（粵：cik¹，讀斥。普：chì）

穿走獸補服的武官

文一品 仙鶴　文二品 錦雞　文三品 孔雀　文四品 雲雁　文五品 白鷳

穿飛禽補服的文官

文六品 鷺鷥　文七品 鸂鶒　文八品 黃鸝　文九品 鵪鶉

明朝皇帝龍袍上的龍紋和大臣官服上的補子是怎麼「畫」上去的呢？其實那並不是畫上去的，最主要的方法是繡工們一針一線繡上去的。

刺繡又叫針繡，是用針和線在織物上繡出漂亮圖案的古老手工技藝，在商周時期就已經出現。明朝之前的刺繡大多以絲線和金線為材料。明朝時，手巧的繡工們開始嘗試髮絲、草和孔雀羽毛等新的材料，甚至還在宣紙上刺繡。當時，上海有個叫顧壽潛的畫家，他的妻子韓希孟就是位刺繡高手。除了刺繡，她還擅長繪畫，她繡的很多名畫作品都受到文人的追捧，還被稱為「繡畫」。

繡線

繡線的種類很多，有棉線、蠶絲線、毛線，以及用黃金做成的金絲線等。

針

針可以引線，是刺繡必不可少的工具。刺繡時，繡工會用到各種型號的針，有繡花針、大眼針和珠繡針等。

繡繃和繡架

刺繡離不開繡繃和繡架，它們的作用是讓繡布保持緊繃，方便刺繡。

繡樓

古代女子做女紅的地方叫作「繡樓」。有些大戶人家會為女兒置一間繡樓，小姐們每天在這裏學習刺繡，過着大門不出、二門不邁的生活。

女紅

女紅又叫「女工」，多指紡織、縫紉和刺繡等工作和此類工作的成品。專門從事刺繡工作的人又被稱為「繡工」。

老師

穿針引線

學徒

刺繡

繡繃

●明朝了不起的帽子

明朝的朱元璋除了要求在衣服上「畫畫」，還要求所有的官員戴烏紗帽，烏紗帽成為官帽，沒有官職的普通人不准戴。明朝的烏紗帽很特別，其兩側的翅膀不像宋朝那樣長，而是變短變圓。

除了官員外，明朝的皇帝也戴烏紗帽。當然，皇帝的烏紗帽自然要與官員的不同。皇帝的烏紗帽有個好聽的名字，稱為「翼善冠」。古代的帽子又叫「冠」，那皇帝的「冠」前為甚麼要加上「翼善」兩個字呢？原來，帽子後面的一對翅膀稱為「翼」，而皇帝帽子上的翼並不像官員的那樣向外展開，而是向上折。折上去的烏紗帽從正面看很像漢字中的「善」字，所以就起了這個名字。

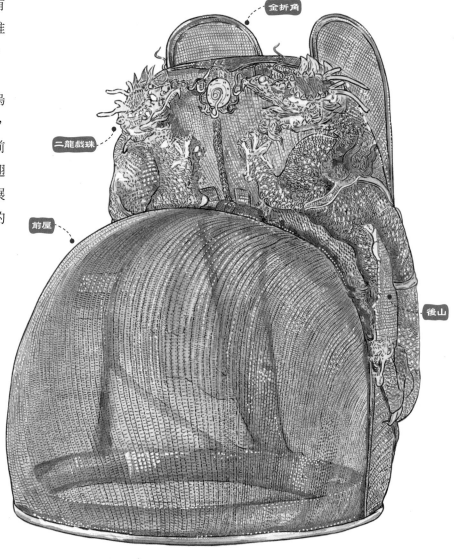

金絲翼善冠

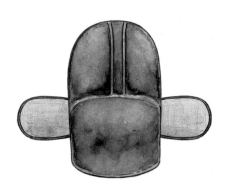

烏紗帽

 = 善

烏紗翼善冠

萬曆皇帝是明朝在位最長的皇帝，他除了有烏紗製成的翼善冠，還有一頂「金絲翼善冠」作為陪葬品。金絲翼善冠是一頂了不起的帽子，除了材質貴重外，它的工藝更是精湛。金絲翼善冠由三部分組成，前面的帽殼部分叫前屋，前屋後面的部分叫後山，後山上面像兔耳朵的角叫金折角，後山前方還有兩條金龍叫作「二龍戲珠」。

這頂金絲翼善冠是工匠用 500 多根像頭髮絲一樣細的金絲手工編結而成，金絲結成的空隙比針眼還要小。冠上的各個部分都需要單獨製作，最後再焊接組裝起來。

不僅皇帝有精美的冠，明朝皇后的鳳冠也毫不遜色。皇后的鳳冠上有用金絲堆壘工藝製成的金龍，還有用點翠工藝製成的翠鳳。鳳冠上還鑲嵌着各種珍珠、寶石，多達上千粒。

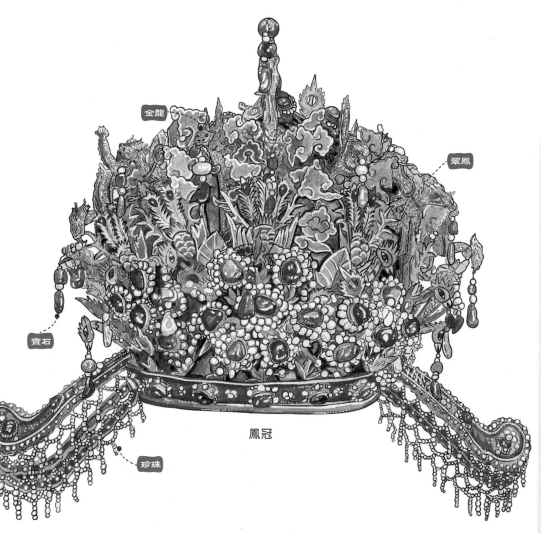

金龍

翠鳳

寶石

珍珠

鳳冠

皇后鳳冠上的藍色是一種叫「點翠」的工藝，點翠中的「翠」指的並不是翡翠，而是翠鳥的藍色羽毛。點翠時，工匠先取下翠鳥的藍色羽毛，再貼到飾品上。翠鳥的羽毛雖然漂亮，但為了保護翠鳥，今天的點翠工藝已經改用鵝毛或絲織品。

翠鳥　　　　　翠鳥羽毛　　　　　點翠

你知道皇帝和皇后的冠是怎麼做的嗎？

皇帝和皇后的冠需要用到「花絲鑲嵌」這一傳統的手工技藝。花絲鑲嵌就是將金、銀、銅等金屬熔化後鑄成條狀，拔成細絲，然後通過掐絲、編織、填絲、堆壘、焊接等工藝製作成飾品。最後，用各種鑲嵌技藝將珠寶、翠玉和寶石鑲嵌在金銀飾品上。

1. 繪製圖稿。

2. 高溫熔化黃金。

3. 鑄成金條。

4. 將金條拔成細絲。

5. 用特製的工具將金絲撮成花絲。

6. 將撮好的花絲編結成漂亮的形狀，然後組合起來並焊接結實。

7. 在飾品中間鑲嵌上寶石，一件花絲鑲嵌的飾品就做好了！

不准穿漢服的清朝

　　清朝是由滿族貴族統治的王朝，也是中國歷史上最後一個封建王朝。滿族是金代女真族的後裔，一直保持着自己民族的風格和傳統。入主中原之後，清朝統治者發現，很多地方還殘存朱明王朝的勢力，一些民眾心底裏並不認可清朝。老羞成怒的清政府為了讓民眾徹底忘掉明朝，便頒佈了「剃髮易服」的法令。法令規定，除了僧道以外的男子都要剃掉大部分頭髮，只允許在後腦勺留一根小辮子，如不剃髮就要被殺頭。古人認為，身體和頭髮都是父母給的，不能毀壞。因此，有些人為了躲避剃髮逃到了海外，有些人甚至做了和尚和道士。除了剃頭，還有「易服」的法令，清政府規定，男子不能再穿漢服，只能穿滿族的服飾，如果被發現偷偷穿漢服，就會有牢獄之災。

那兒還有一個，抓住他！

服裝主要以袍子和馬褂為主。男子的長袍長至腳踝（粵：waa[5]，讀畫。普：huái），袖口有馬蹄袖式，也有平袖式。在清朝以前，人們大多把袍子當作外套穿在外面，把短褂、短衫當作內衣穿在袍內。而在清朝，馬褂要穿在外面，袍子卻要穿在裏面。

清朝有一種特別的黃色馬褂，但並不是任何人都可以穿。從宋、明起，黃色就成為了「貴色」，除皇帝之外的人一般不能使用。到了清朝，皇帝允許他的貼身侍衛穿黃馬褂，還將黃馬褂賞賜給立功的官員。所以，在清朝穿黃馬褂就像得到了獎狀，是一件非常光榮的事情。

馬褂

長袍

馬蹄袖

馬蹄袖

清朝的袍子袖端有一種弧形的袖頭，形狀非常像馬的蹄子，所以稱為「馬蹄袖」。馬蹄袖最初是為了給手背保暖，滿族入主中原後，大臣覲見皇帝時，要將馬蹄袖放下來，再行跪拜禮。

清朝的滿族女子一般穿長袍，包括開衩的「氅（粵：cong[2]，讀廠。普：chǎng）衣」和襯在裏邊不開衩的「襯衣」兩種，也就是後來旗袍的前身。這是滿族的傳統服飾。除了旗袍，滿族女子的髮型也很特別。在清前期，滿族女子喜愛盤辮，到了清後期，有一種叫作「兩把頭」的髮型最為流行，我們時常在清宮影視劇中看到它。「兩把頭」又叫「一字頭」，做這種髮型時，需要將頭髮梳成左右兩個髮髻，再用一支大簪子固定住，最後在髮髻上戴上各種髮飾，漂亮的「兩把頭」就完成了。

大拉翅 | 大拉翅是旗頭的一種，由「兩把頭」發展而來，據說是慈禧的發明，民國時演變得更加高大。

穿氅衣的滿族婦女

兩把頭

扁方 | 扁方是滿族婦女梳「兩把頭」時插的一種大簪子。

●上朝了 穿甚麼

　　在古代，大臣們有時要到皇宮裏開會，向皇上彙報工作。這種朝會一般會在清晨舉行，所以又叫早朝。清朝的皇帝大多比較勤勉，幾乎每天都要開會。

　　這一天，皇帝要舉行朝會，大臣們穿上補服，戴上頂戴花翎（粵：ling⁴，讀零。普：líng），早早地來到紫禁城，等待皇帝駕

臨。不一會兒，皇帝駕到。大臣們放下馬蹄袖，向皇帝行完三跪九叩禮後，朝會才算正式開始。今天朝會的內容是甚麼呢？原來施琅（粵：long⁴，讀狼。普：láng）將軍收復了台灣，立下了大功勞。皇帝想封他為侯爵，但施琅拒絕了，他只想要一頂花翎冠。傳說皇帝賞賜給施琅一頂帶眼的花翎冠。

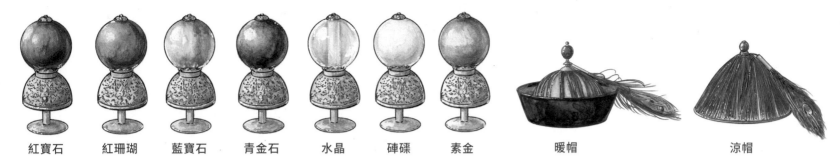

| 紅寶石 | 紅珊瑚 | 藍寶石 | 青金石 | 水晶 | 硨磲 | 素金 | 暖帽 | 涼帽 |

「頂戴花翎」又是甚麼呢？為甚麼施琅不要侯爵的封號，只要一頂花翎冠呢？

官員的帽子有兩種：一種是冬天戴的暖帽，多由動物毛皮製成；一種是夏天戴的涼帽，是用玉草、藤和竹絲等製成帽骨，外面再裹上綾羅。帽頂的裝飾叫作頂戴，不同級別官員的頂戴材質也不同，一品官員戴昂貴的紅寶石，其餘品級的官員依次戴紅珊瑚、藍寶石、青金石、水晶、硨（粵：ce[1]，讀車。普：chē）磲（粵：keoi[4]，讀渠。普：qú）和素金。

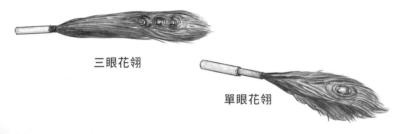

三眼花翎

單眼花翎

花翎
花翎是清朝官員頂戴後面的羽毛裝飾。孔雀羽毛上面的圓稱為「眼」，三眼花翎就是由三根帶「眼」的孔雀羽毛製成的花翎。帶眼的花翎並不是所有官員都可以戴，一般是皇帝賞賜給有功之臣的，是榮耀和身份的象徵。

朝珠
朝珠是清朝皇帝、皇后、王公大臣佩戴的裝飾品，朝珠由 108 顆珠子串成。朝珠的材質也不相同，有珍珠、珊瑚、翡翠、琥珀、蜜蠟和松石等等。朝珠並不是所有臣子都可以戴，只有文官五品和武官四品以上的官員才能佩戴。在朝珠中，產自東北地區的東珠級別最高，只有皇帝、皇太后和皇后才能佩戴。

朝袍
皇帝的禮服有朝袍和吉服袍，都有複雜的龍紋。皇帝朝會時要穿朝袍，這是一種圓領，右衽，帶有披領，滿是龍紋的明黃色袍子。皇帝的朝袍雖然好看，但製作工藝非常複雜，需要用到織工、繡工、金工和畫工等幾百個「人工」，製作一件新朝袍，要花費 1000 多兩銀子，費時數年才能完成。

穿中山裝的公務員　穿長袍的文人　穿長袍馬褂的教授　穿襖和裙的女學生

●剪辮子 穿新衣

　　1911 年，辛亥革命爆發，推翻了中國最後一個封建王朝。中華民國建立後，首先要破除清朝留下來的舊制度。政府要求男子剪去辮子，學生和年輕人開始主動

強制剪辮子

剪掉辮子，迎接新的社會。但當時仍有一些人不肯剪辮子，比如清朝的遺老遺少，期盼着清政府起死回生，不肯剪辮子；還有一些人，害怕清政府死灰復燃，自己剪掉辮子會被治罪。過了很久，政府看到這些人不肯剪掉辮子，只能命軍警強制剪掉他們的辮子。

　　民國時，除了剪辮子，人們的服飾也發生了翻天覆地的改變。如果你來到民國時的北平，會發現人們的衣服非常豐富，大街上的行人穿着各式各樣的衣服。熱鬧的大街上有穿旗袍的女士、穿長袍馬褂的教授、穿中山裝的公務員、穿西裝的年輕人、穿短衣黑裙的女學生，以及穿坎（粵：ham^2，讀砍。普：kǎn）肩和長褲的人力車夫。

長袍

長袍又叫長衫，始自清朝。民國時，長袍和馬褂被定為日常的禮服。我們翻閱老照片就會發現，民國的文人大多穿着長衫。

長袍和馬褂

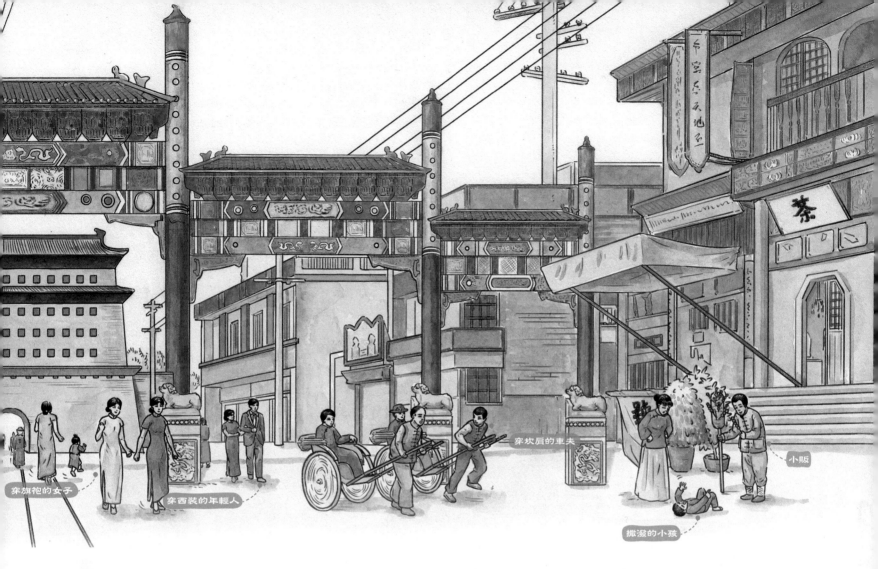

穿旗袍的女子

穿西裝的年輕人

穿坎肩的車夫

小販

撒潑的小孩

中山裝

辛亥革命後流行的服裝，相傳是孫中山先生親自設計的。由於孫中山的聲望很高，這種新款式衣服迅速流行起來，後來還被民國政府定為文官的指定服裝。

襖和裙

民國的女子除了穿旗袍外，還穿襖和裙。襖是上衣，通常是高領，有寬袖也有窄袖，有長袖也有短袖。裙就是裙子，有藍色和黑色。民國時的女學生多穿這種風格的衣服，還為這種風格的服裝起了個好聽的名字，叫「文明新裝」。

西裝

西裝又叫西服，大約在 19 世紀 40 年代被傳到了中國。在民國時，西裝開始流行。另外，禮帽、皮鞋、手杖和眼鏡是西裝的好拍檔。

旗袍

旗袍原是滿族婦女的袍子。在民國時，旗袍的款式多了起來，女性開始穿漂亮的旗袍。1929 年，民國政府還將旗袍定為國家禮服之一。

● 下雨了 穿甚麼

下雨了怎麼出門呢？你一定會穿上雨鞋，撐把雨傘或穿件雨衣。那麼，古人是怎麼防雨的呢？

在古代，不論下多大的雨，古人都有辦法，因為古人有用油紙做成的雨傘、用竹片或棕絲做成的斗笠、木頭做成的雨鞋、用植物做成的蓑（粵：so¹，讀疏。普：suō）衣，另外還有一種油布衣。古人下雨天穿一種鞋底帶木齒的木屐，高高的木齒不但可以防滑，還可以防止泥水弄髒腳面。除了木屐，古人在雨天也會穿草鞋，草鞋既透水，又防滑，是普通農民和車夫最常穿的鞋子。

油紙傘

古人的傘多用竹子和木頭做傘骨，用刷過桐油的紙張做傘面。用桐油處理過的紙張具有很好的防水效果，是古代家家必備的雨具。

草鞋

用稻草和秸稈或其他長纖維草編織的鞋子，古代被當作雨鞋，也多為窮苦百姓所穿。

木屐

耕地

牧童

水牛

穿蓑衣的老翁

蓑衣是古人披在身上的防雨用具，春秋時期就有記載。古人最早用茅草編織蓑衣，後來他們發現棕櫚樹皮也可以製作蓑衣。用棕櫚樹皮做的蓑衣又叫「棕蓑」，直到今天還有人在使用。

茅草蓑衣

棕皮蓑衣

棕櫚皮

茅草

即白茅，禾本科，多年生草本植物。茅草可以用來做茅屋的屋頂，也可以製作成茅草蓑衣。

棕樹

即棕櫚樹，分佈於長江以南各省區。棕櫚樹的棕皮纖維可以做成繩子、蓑衣、地毯和刷子等物品，嫩葉可以製成扇子和草帽。

棕皮斗笠

竹製斗笠

斗笠

與蓑衣一起搭配的還有斗笠。斗笠是用竹片、棕絲等材料編織的帽子，晴天可以遮陽，雨天可以遮雨，是古代家家必備的物品。

穿蓑衣戴斗笠的漁翁

打魚

快回家！

下雨了！

花兒可真好看！

撐傘的女子

快跑呀！

53

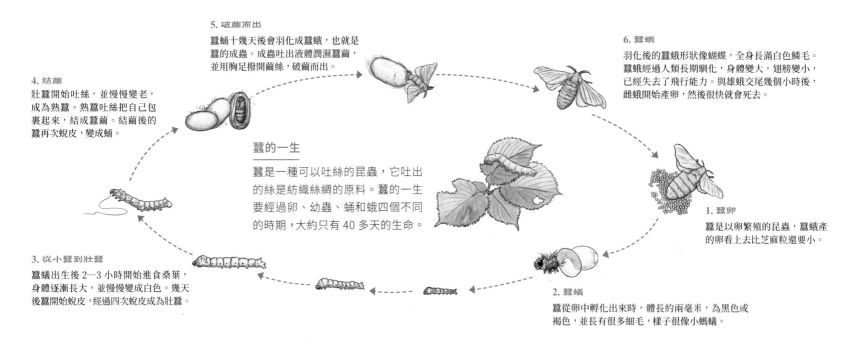

5. 破繭而出

蠶蛹十幾天後會羽化成蠶蛾，也就是蠶的成蟲。成蟲吐出液體潤濕蠶繭，並用胸足撥開繭絲，破繭而出。

4. 結繭

壯蠶開始吐絲，並慢慢變老，成為熟蠶。熟蠶吐絲把自己包裹起來，結成蠶繭。結繭後的蠶再次蛻皮，變成蛹。

3. 從小蠶到壯蠶

蠶蟻出生後 2—3 小時開始進食桑葉，身體逐漸長大，並慢慢變成白色。幾天後蠶開始蛻皮，經過四次蛻皮成為壯蠶。

蠶的一生

蠶是一種可以吐絲的昆蟲，它吐出的絲是紡織絲綢的原料。蠶的一生要經過卵、幼蟲、蛹和蛾四個不同的時期，大約只有 40 多天的生命。

6. 蠶蛾

羽化後的蠶蛾形狀像蝴蝶，全身長滿白色鱗毛。蠶蛾經過人類長期馴化，身體變大，翅膀變小，已經失去了飛行能力。與雄蛾交尾幾個小時後，雌蛾開始產卵，然後很快就會死去。

1. 蠶卵

蠶是以卵繁殖的昆蟲，蠶蛾產的卵看上去比芝麻粒還要小。

2. 蠶蟻

蠶從卵中孵化出來時，體長約兩毫米，為黑色或褐色，並長有很多細毛，樣子很像小螞蟻。

●抽絲剝繭

　　絲綢是一種高檔的紡織品，它的故事和歷史可能一本書都講不完，所以，我們可先簡單地了解一下。歷史典籍上記載，黃帝的妻子嫘（粵：lo⁴，讀羅。普：léi）祖發現了蠶繭，並發明了養蠶。傳說蠶繭最初被當作食物採摘回來，但任憑怎麼煮都嚼不爛，也不怎麼好吃。

　　聰明的嫘祖發現攪拌蠶繭的棍子上纏着很多細絲線，認為這種東西一定大有用處，於是找到採摘它們的桑樹，並發現了蠶吐絲的秘密。後來，嫘祖嘗試用蠶絲織成布，沒想到，蠶絲織出的布料手感光滑，輕盈炫麗，受到人們的喜愛。從此人們開始大量種桑養蠶。

5000 多年前的絲帶

5000 多年前的絲線

5000 多年前的絹片

5000 多年前的絲織物

在浙江錢山漾遺址出土了距今 5000 多年的絹片、絲線和絲帶。其中，絹片是當今世界上最完整的早期絲織物。

　　考古工作者發現，用蠶絲織成的絲綢最早出現在 5000 多年前，那時的人們不僅學會了抽絲剝繭，還掌握了養蠶的方法。他們將蠶絲紡成絲線，再織成絲帶等絲織品，這是世界上發現得最早的絲織品。

在商周時期，養蠶取絲有了一定的規模，絲綢也成為貴族們的專有衣料。到了春秋戰國時期，各諸侯國幾乎都能生產絲綢，絲綢的品種也開始豐富。蠶最愛吃桑樹的葉子，因此古人很早就開始種植桑樹。春秋時期，吳國和楚國的兩個女子甚至為爭一棵桑樹而發生口角，引起了兩國之間的戰爭。

絲綢

公元前一世紀，傳說，羅馬的凱撒曾穿着絲綢做成的袍子去看戲，在戲院引起轟動，所有人都羨慕極了。後來貴族們爭相購買中國絲綢，絲綢在羅馬的價值甚至超過了黃金。

漢代時，不論是宮廷還是民間，人們都以穿絲綢為榮，穿絲綢做的衣服成為富貴身份的象徵。張騫出使西域，打通漢朝到西域的通道後，西域各國商人通過這條通道來到中國。他們被中國特有的絲綢所吸引，當絲綢運回國後，人們都愛上了這種光滑的衣料。後來這條通往西方的商道被稱為「絲綢之路」。

在古代，絲綢是中國出口貿易的主要特產，為各朝政府帶來了不菲的收入。唐宋時，海上絲綢之路興起，絲綢隨着商船遠航到世界各地，成為各地貴族追求的高貴衣料，他們以穿着絲織品為榮，售價自然不菲。絲綢在外商眼中就等同於黃金，不少國家派人來到中國，想學會養蠶取絲的方法。傳說西方國家曾多次派傳教士來中國竊取桑種和蠶種，其中一個執着的傳教士將桑種和蠶種藏到拐杖裏，並偷偷帶回歐洲。但可笑的是，傳教士把桑種和蠶種混淆了，竟把蠶種撒到了地裏，把桑種當作蠶種孵化，當然，他們永遠也孵不出蠶來。

穿鞋戴帽

在原始人生活的時代，到處都是雜草荊棘。他們為了追趕獵物，不得不四處奔跑，他們的腳掌雖然有厚厚的繭，還是會被石子和荊棘扎傷。為了保護腳掌，他們就地取材，將動物皮毛裹在腳上。沒想到的是，裹上獸皮後，不但走路不再弄傷腳，到了冬天還非常暖和。

新石器時代，人們為了方便工作，將骨頭、石頭磨成笄，用來固定髮髻，這就是最早的簪子。

帽子的歷史很悠久，原始人最早用植物的葉子遮陽、遮雨，後來也使用動物皮毛、獸頭保護頭部。

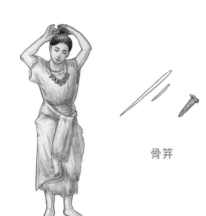

骨笄

冕
皇帝和貴族的禮帽。

緇撮
用來束髮髻的小巾。

幅巾
從額頭往後包髮的整幅的巾。

儒巾
一般為古代讀書人戴的巾。

在古代，頭衣是帽子的統稱，又分為冠、冕、巾和幘（粵：zik[1]，讀即。普：zé）等，冠、冕和弁（粵：bin[6]，讀便。普：biàn）只有帝王和貴族才能戴，是身份的象徵。巾與幘類似，本來是平民和奴僕用來束頭髮的巾帕。到漢朝時，不管是達官顯貴還是普通百姓，都開始戴巾。到了唐朝，巾演變成幞頭。

不戴冠的犯人　　免冠謝罪

在古代，男子和女子成年時，要行男冠女笄之禮，也就是古代的成年禮。男子在 20 歲行冠禮，行冠禮時要穿上成年人的禮服，戴三次不同的冠，依次是緇布冠、皮弁和爵弁。男子行完冠禮後才算是成年。

緇布冠

皮弁

爵弁

衣冠楚楚常用來形容衣帽穿戴得很整潔。在古代，頭上不戴冠是非常不禮貌的行為，也只有犯了罪的人頭上才會甚麼都不戴。後來，免去頭冠成為了一種謝罪的方式，有罪的人往往會主動免冠，以表示謝罪的誠懇態度。

冠禮

笄禮

女子 15 歲時要行笄禮。這一天要請一位多子多孫的老奶奶為女子盤起髮髻，插上簪子。女子行了笄禮後才算成年，也就可以談婚論嫁了。

中國古代的鞋子種類豐富，有草鞋、麻鞋、皮鞋、皮靴、木鞋、布鞋、絲履及高跟鞋等。新石器時代的人們就已經會編織草鞋和麻鞋，後來這種簡單廉價的鞋子成為古代平民的象徵。傳說在東漢末年，劉備就曾以販賣草鞋為生。

草鞋

賣草鞋的劉備

皮鞋的歷史非常悠久。原始社會時，人們就開始用毛皮裹腳。在漢朝時，因為動物毛皮非常易得，皮鞋並不是高貴的鞋子。

力士脫靴

靴子是胡人的專利，一直到戰國時期，趙武靈王引進胡服，靴子才傳入中原。唐朝時，靴子非常流行，上到王公大臣，下到黎民百姓，都可以穿靴子。唐朝大詩人李白曾在皇帝面前讓宦官高力士為他脫靴，高力士因此懷恨在心，並向楊貴妃進讒言污衊李白。每當唐玄宗想封李白做官時，楊貴妃便會制止，李白因而懷才不遇。

皂靴
——
黑幫白底的靴子，「幫」指靴子直立的部分。

穿花盆底鞋的滿族女子

明朝女子的高跟鞋

花盆底鞋

中國早在明朝時就有了高跟鞋。人們在鞋底後部裝上用絲綢裱裹的木跟，這種鞋只有富人家的女子才會穿。清朝時，滿族人帶來了一種稱為花盆底的高跟鞋，這種鞋的跟一般高 5 至 10 厘米，最高的有 20 多厘米，是名副其實的「高跟鞋」。

木屐   木屐

在周朝時，人們就已使用木頭做鞋底。在漢朝時，用木頭做成的木屐非常流行，就連女子出嫁也要穿木屐。在南北朝時，有個叫謝靈運的詩人非常喜歡四處游玩，他為了登山，在木屐底下裝了兩個可以拆卸的木齒，木屐變成了「登山鞋」。帶齒的木屐還被當作雨鞋使用，它不但防滑，還不會弄髒了腳。後來木屐傳到了日本，受到日本人的歡迎，直到今天還在流行。

絲履

布鞋

古人最早用麻布縫製鞋面，後來貴族開始用絲織品縫製鞋面，並在鞋面繡上漂亮的紋飾，這種鞋子叫作絲履。有了棉布以後，古人用它做鞋面，沒想到棉布鞋柔軟透氣，穿起來也很舒適。舒適的布鞋受到老百姓的喜愛，直到今天仍在流行。

●士兵們的防護服

甲冑是古代將軍和士兵打仗時為了保護身體不被兵器傷害穿的防護服，其中保護身體的稱為甲，保護頭部的稱為冑。甲冑的歷史非常悠久，傳說夏朝就有用皮革做的甲衣。考古工作者還發現了商朝的皮質護甲和青銅做的頭盔。

在西周時，士兵們開始穿戴青銅做的甲冑。在春秋戰國時，皮甲比較多，戰國時還出現了鐵質的甲冑。在秦朝時，士兵大多不戴冑，只穿甲，有些士兵甚至不穿甲冑，只穿袍子就去戰鬥。在漢朝時，鐵成為甲的主要材質，古人還稱鐵甲為「玄甲」。

甲

冑

西周的青銅甲

商朝的皮甲

藤甲

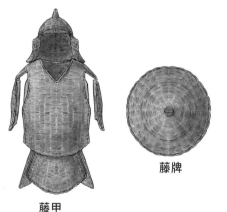

藤甲

藤牌

藤甲

藤甲是古代南方的一種用藤編織的鎧甲，編好後的藤甲要在水中浸泡，還要塗上桐油。在三國時期，諸葛亮出征南蠻時就遇到了穿藤甲的士兵，後來諸葛亮用火攻戰勝了藤甲兵。

明光甲

明光甲

在南北朝時出現了一種明光甲，之所以叫明光甲，是因為古人在鐵甲前後裝了兩面又光又亮的圓鏡，在戰場上可以反射太陽光，使敵人眩暈，因此起名為「明光甲」。唐朝時，將士們依然愛穿帶有圓鏡的明光甲。

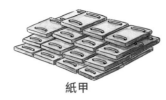

紙甲

在唐宋時期，還有一種用紙做的護身甲。紙甲是用紙和布製成的，它的重量輕，取材方便，而且防護功效並不比皮甲和鐵甲差，但紙甲並不耐用，穿一段時間就會爛掉。

棉甲

在元朝時出現了一種棉甲。棉甲就像棉大衣，保暖性好，特別適合北方的士兵。

虎衣藤牌兵

在清朝時，除了裝備棉甲的士兵。還有一支叫「虎衣藤牌兵」的「特種部隊」，他們身上穿着老虎一樣的衣服，戴着虎頭帽，手拿用藤做的盾牌和片刀。如果不仔細看，還以為這是一群沒有尾巴的老虎。這支部隊身手靈活，在戰場上立下過很多戰功。但面對洋人的入侵時，他們的虎衣並沒有嚇倒侵略者，藤牌也沒能擋住侵略者的洋槍洋炮。

● 帶來溫飽的火

　　最初的人類在飢寒交迫中度過了無數個夜晚，他們只能完全依靠大自然，每天靠吃野
果、植物根莖、生肉來填飽肚子，食物的匱乏和疾病一直困擾着人類。終於
有一天，雷電引燃了樹木，一場突如其來的大火改變了人類的飲食。
原始人類最初看到熊熊燃燒的烈火時，與動物的反應一樣，
躲得遠遠的。但是人類感受到火帶來的溫暖，還在火災
區域發現了被燒熟的動物，聞到了熟肉的香味。被肉香吸引的人類
第一次吃到了熟食。從此以後，每當有火出現，人類就會尋找
被燒熟的動物食用。熟食成為人類菜譜中的美味。

北京直立人主要以漿果、乾果、鹿、野豬以及小溪裏的魚蝦等動物為食。

採集野果　　　　　　　　　　捕撈魚蝦　　　　　　　　　　獵捕動物

聰明的原始人為了吃到熟食，獲得溫暖，將沒有燃盡的火種保存起來，並收集柴草將火種延續。經考古發現，生活在周口店洞穴中的北京猿人主要依靠採集野果、嫩葉和植物根部，獵捕鹿、野豬、鳥、蛙和蛇等動物為食，洞中用火的痕跡，證明幾十萬年前人類已經學會使用天然火。

人工取火

使用火是人類進化史上的里程碑，人類最早的人工取火方式是「鑽木取火」和「擊石取火」。

鑽木取火

鑽木取火傳說是燧人氏發明的。他看到鳥在啄木時，摩擦產生火花，因此受到啟示，發明了鑽木取火。人類學會了人工取火之後，更多加熱食物的方法出現，茹毛飲血的時代結束了，「烹飪」漸漸出現。

擊石取火

相傳，擊石取火是上古時期炎帝的發明，可能是原始人類在製作石器時，從石擊產生火星的現象中受到啟發，逐漸掌握了擊石取火。

● 人類學會了烹調食物

　　自從人類發明了人工取火，熟食取代了威脅人類健康的生食，怎樣燒製熟食成為人類思考的問題。最初，人類還沒有發明用來烹調食物的爐灶和陶器，只是將捕獲的動物直接丟到火堆中燒烤，食物往往會被燒得黑呼呼的，影響食用。漸漸地，人類累積了更多的用火經驗，也掌握了很多加工烹製食物的方法：有人利用樹枝將食物串起來燒烤，這樣能更好地掌握火候，不會將食物烤煳；有人用泥土包裹好食物，再丟進火堆中燒，泥土能保護食物不被烤焦，這就是烹飪中的「炮」，江蘇名菜叫花雞就是用了這種烹製方法。

烤熟的肉食

燒紅的石頭

動物皮毛

準備「石烹」的地洞

在石板上煎製食物

後來，人類又發明了「石烹」：一種是利用火堆上的石板來煎烤食物；另一種是將石頭燒紅，投進鋪有動物皮、放滿水和食物的容器或坑中，反覆投放燒紅的石頭，使水沸肉熟。

狩獵歸來

將食物串起來

燒烤生肉

石烹

將動物皮鋪到挖好的土坑中，加入水和食物，再將燒熱的石頭反覆投入，使水沸騰，生肉就逐漸熟了。

石板燒

在石板下生火加熱石板，再利用石板煎烤食物，這就是最早的「石板燒」。

炮燒食物

用泥土將食物包裹起來，再丟到火堆中燒，這種方法叫「炮」。

燒烤

將肉串在木棍上燒烤，這樣就能輕鬆地掌握火候，肉食不易被烤煳。

65

● 狩獵與捕魚

自從人類掌握了人工取火，茹毛飲血的時代便結束了。火的使用使人類的活動範圍擴大，不再受氣候和地域的限制。新石器時代早期，人類狩獵和捕魚的工具種類豐富：長矛、弓、骨鏃（粵：zuk[6]，讀族。普：zú）和石球等工具用於獵捕陸地上的獵物；骨製的魚鉤、魚叉、魚鏢以及麻繩編織的漁網用於捕撈水裏的魚類。聰明的人類還發明了一種骨哨，以骨哨模仿動物的叫聲，來吸引獵物，等獵物慢慢走近時，再伺機將其捕獲。

漁網

新石器時代，人類已經開始用麻繩編織漁網，並學會撒網捕魚。

骨魚鏢

將骨頭磨成帶有倒鈎的鏢形，使用時將魚鏢插到木柄前端的凹槽裏，並在魚鏢上繫牢繩索，另一端握在手中。魚被刺中後會掙扎着將魚鏢帶走，只需要收回繩索就能找回魚和魚鏢。

魚叉

魚叉是用來捕魚的骨製工具。

石索

石索是用於狩獵的工具，在繩子兩頭繫着兩個石球，使用時，獵人將石索甩出，砸暈或絆倒獵物後將其捕獲。

骨哨

骨哨是用動物骨管製成的哨子，獵人用它模仿動物叫聲，將獵物吸引過來再伺機捕捉。

骨魚鈎

用骨頭磨製成，用於垂釣的魚鈎。

弓箭

弓箭是一種遠距離的狩獵工具，當時的箭頭多用石頭、骨頭磨製。弓箭既可以瞄準，又便於偷襲獵物，是新石器時代的主要狩獵工具之一。

石球

石球是用來襲擊獵物的工具，用繩套將其用力拋出去，砸暈獵物。

吹響骨笛，吸引獵物

拋石球

獵狗

弓箭手

鹿

丟石索

準備偷襲的獵人

豬

豬是人類馴化的家畜之一，也是人類肉食的主要來源之一。

馬

馬最早是人類的食物之一，新石器時代，人類馴服了馬。在古代，騎馬和乘馬車都是常見的出行方式。

羊

羊是人類最早馴化的家畜之一，是最溫順的家畜。羊能為人類提供肉、羊乳和毛皮等生活必需品。

狗

有些科學家認為狗是由幼狼馴化而來的家畜，狗既可以幫助人類捕捉獵物，又可以幫助人類看家護院，是人類的好幫手。

雞

雞是由一種叫原雞的鳥類馴化而來，雞能為人類提供肉和蛋等食物，是重要的家禽之一。

牛

牛是人類最早馴化的家畜之一，在古代是重要的勞動力，也是肉和奶的來源之一。

　　隨着人類的居住範圍愈來愈大，可以狩獵的動物愈來愈少，捕獲獵物的難度也愈來愈高。後來人類將一時吃不完的動物關了起來，發現被關起來的動物變得溫和了許多，有些動物還生下了幼兒。於是，人類開始嘗試飼養動物。被稱為「六畜」的豬、羊、雞、馬、狗和牛在那時已經被馴化，圈養的家畜也成為人們食物的來源之一。

野山羊

滿載而歸

撒網捕魚

魚叉捕魚

魚鏢捕魚

丟石索

▶ 懂得耕種

新石器時代，人類在有水源的地方定居，形成了村落。隨着村落的人口不斷增長，人類需要更多的食物才能生存，而隨着人類的過度捕殺行為，村落周圍的動物愈來愈少。為了生存，人類就靠採集的植物種子和漿果填飽肚子。有一天，人類發現，那些被隨意丟掉的種子竟然生根發芽，長出新的果實。

從此，人類發現了種子的秘密，並且經過反覆的嘗試，學會了種植農作物，農業從此誕生。相傳，中國古代的神農氏是農業的發明人，他發明了最早用於農耕的「耒（粵：leoi⁶，讀類。普：lěi）耜（粵：zi⁶，讀字。普：sì）」，並培育種植「五穀」。

杵和臼

杵和臼是河姆渡人用來為稻米去殼的工具。使用時，需要手握木杵不停地在臼中上下捶搗，這種去殼的過程叫「舂（粵：zung¹，讀中。普：chōng）米」。

篩去雜質

曬米

舂米

狗

收割水稻

魚乾

碾磨脫殼

狗

雞

收割小米

6000 多年前的半坡人已
經開始種植白菜。

羊

考古發現，新石器時代的人類已經
開始種植穀物。7000 多年前的河姆渡人
培育了水稻，並開始大面積種植。生活
在 6000 多年前的半坡人也學會種植小米
和白菜。

陶刀

新石器時代的人類用
陶刀來收割小米的穗。

磨盤

磨盤是新石器時代人類用
來碾磨小米的農具，小米
經過反覆碾磨才能去殼。

耒耜

耒耜是最早用於翻土的農
具，傳說是炎帝發明的。耒
耜的材質有木質、骨質和石
質，最早發現的耒耜距今已
有 8000 多年。

水稻和小米的大面積種植說明它們已經成為人類的
主食之一，那麼他們用甚麼方法來烹調大米和小米呢？

69

我們有了「鍋」

人類學會了種植和養殖後，飲食發生了巨大變化，肉類和穀物成為主要食物。除了燒烤，怎樣令這些食物更好吃呢？人類在不斷摸索中發明了陶器，更多的烹飪方法也隨之出現。

窰

製作陶坯

搓泥條

盤築陶坯

生火做飯

蒸煮食物

送水

陶坯

刻畫花紋

晾曬陶坯

和製黏土

中國最早的陶器出現在一萬多年前，與熟食一樣，陶器的發明也可能受到了火的啟發；當大火過後，人類發現了被燒硬的泥塊，後來有人將泥製作成容器，放進火堆裏燒製，等到火滅後，泥坯就被燒成了堅硬的陶器。

傳說，昆吾、神農和黃帝都是陶器的發明者，所以有了「昆吾作陶」、「神農耕而作陶」、「黃帝蒸穀為飯，烹穀為粥」等說法。

最初的陶器多是烹調食物的炊具，後來逐漸豐富起來。新石器時代，人類已經造出了釜、灶、鼎、甗、甑（粵：zang⁶，讀贈。普：zèng）等多種用途的炊具。釜是用來烹煮食物的「鍋」，後來釜的造型不斷變化，又衍生出了甑、陶鼎。甑就像今天的蒸鍋，利用水蒸氣蒸熟食物。陶鼎相當於現在的火鍋，主要用於煮肉。除了炊具，還有哪些陶器呢？

陶鼎

陶鼎是新石器時代的炊具之一，底部有圓柱體或扁平體三足。陶鼎可以烹煮各種食物，鼎下空間用來生火。

尖底瓶

尖底瓶是新石器時代一種設計巧妙的取水工具，使用時，將瓶子放入水中，瓶子重心向前傾，瓶身會橫起來灌水。當水灌到一半時，重心下垂，瓶身會自動立起來，下沉到水中將瓶灌滿。

陶甑

陶甑是一種底部有孔洞，可以用來蒸食物的陶製炊具。使用時將甑放在鼎、釜上，就像我們今天使用的蒸籠。

船形彩陶壺

船形彩陶壺是新石器時代的一種船形盛水器，壺體有兩個圓形孔洞，便於繫繩攜帶，就像今天我們隨身攜帶的水壺，可以斜挎在肩上。

陶甗

陶甗（粵：jin⁵，讀演。普：yǎn）是一種甑和鬲（粵：lik⁶，讀力。普：lì）組合起來的蒸煮器，上半部分是無底的甑，中間放上有孔的箅（粵：bei³，讀臂。普：bì）子，下面是加了水的鬲，就像是我們今天使用的蒸鍋。

陶鏊

陶鏊（粵：ngou⁶，讀傲。普：ào）是一種用來煎、烙食物的炊具，主要用於烙製餅。

陶灶

陶灶是新石器時代發明的可以移動的灶，灶上可以放置陶罐、陶釜等炊具，下面用來添柴生火。

陶釜

陶釜是一種圓底的炊具，就像今天我們使用的鍋。

製作陶器

6000 多年前，生活在黃河流域的半坡人用泥條盤築法製作陶器。他們用黏土搓成長泥條，將泥條盤成陶坯，經過手工修整，再用拍子拍打成想要的形狀，並刻上漂亮的紋飾，陶坯就做好了。做好的陶坯在窯中燒製一定的時間後，陶器就可以出窯了。

①盤製陶坯　②手工修整　③拍打成型　④刻畫紋飾　⑤放入窯燒製

● 王的筵席

中國是禮儀之邦，禮儀文化歷史悠久。早在西周時期，周公旦就創建了禮樂制度，即「制禮作樂」。其中的飲食禮儀被人們遵守了幾千年，直到現在還保留着一部分。鼎是中國古代非常重要的禮器，但最初鼎只是陶質的炊具，被先民們沿用了數千年。到了夏朝，鼎從陶質變成銅質，一般的平民再也無權使用，用鼎成為貴族的特權。後來，鼎又演變為祭祀、宴會和隨葬的專用器具，成為象徵權力的重要禮器。相傳，夏朝的大禹鑄九鼎，象徵天下的九州。

陶鼎　　　　　青銅鼎

夏朝的鼎

鼎是夏朝最常用的炊具，相當於現在煮肉的大鍋。鼎最初是陶質的，後來人們發明冶銅術，青銅鼎取代了陶鼎。鼎從此成為象徵權力的重要禮器，一般的平民再也無權使用。

提梁卣

卣（粵：jau⁵，讀友。普：yǒu）是古代用於盛酒的器物，流行於商周時期。卣一般會裝有方便提握的提手，帶有提手的卣又叫提梁卣。

青銅尊

尊是商周時期盛酒的器物，也是禮器中的一種。

青銅爵

爵是夏商周時期常見的酒器，相當於現在的酒杯，也是古代重要的禮器。

周滅商後，周王將九鼎遷往成周。周朝的禮儀將用鼎數量分為了五個等級：一鼎、三鼎、五鼎、七鼎、九鼎，等級越高，使用的人身份越尊貴。在祭祀和宴會中，和鼎共用的還有簋（粵：gwai²，讀鬼。普：guǐ），使用簋的數量同樣有規定，三鼎配二簋，五鼎配四簋，七鼎配六簋，九鼎配八簋；九鼎八簋只有天子才能用。

青銅豆

西周的青銅豆主要是盛放肉、肉醬和鹹菜的食器。

青銅簋

簋是西周時期用來盛放米飯的食器，就像一個大碗。

青銅簠

簠（粵：fu²，讀府。普：fǔ），在西周用作盛稻、粱的食器，主要用於宴會和祭祀。

王公貴族招待賓客的宴會上，也要講究禮儀規則；在宴會上，主人請樂師們敲鐘擊鼓，請舞師們表演舞蹈，為宴會助興。出席宴會的主人和賓客要脫掉鞋子，按照身份地位席地而坐。

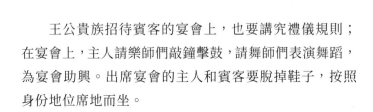

提梁卣

侍者

古人是怎麼吃飯的？

很早以前，人們吃飯是用手抓食，後來有人發明了吃飯用的箸、叉、刀、匕等餐具，用餐具吃飯的方式逐漸取代了用手吃飯的方式。

早在新石器時代，中國就已經出現了骨質的餐勺、餐刀、餐叉。

箸

也就是筷子，是華人用來進食的傳統餐具。筷子最早叫箸、梜等名稱。我國最早的筷子出現在商朝，多由象牙、青銅製成，後來才有人用竹子、木頭製作筷子。

叉

古代的餐叉最早出現在新石器時代，是用骨頭製成的，後來又有銅質、鐵質的，與現在的餐叉用法一致。

刀

古人用來切割肉食的餐刀，有骨餐刀和青銅餐刀。

匕

匕是古人吃飯用的餐具，類似今天的勺子。商周時期，人們用骨頭、青銅製作匕。

分餐制

在每個席位前擺放着一個低矮的食案，食案上放置餐具、食物，一人一案，單獨進食，這就是「分食制」。大家圍在一起吃飯的「合餐制」一直到隋唐才出現。

編鐘演奏

編鐘是中國古代祭祀和宴會中經常使用的樂器。在周朝，樂師們按照大小、音律的不同，將鐘掛在架子上，也就形成了編鐘。

奏樂

古人的盛宴上往往會有樂舞表演，來為宴會助興。

周朝時，人們出入禮儀場合時，一定要脫掉鞋子，如果是參加宴會還要脫掉襪子。

天子

食案

壺

簠

爵

簋

俎

豆

罍

賓客

舞者

*鉶（粵：jing⁴，讀形。普：xíng）
*罍（粵：leoi⁴，讀累。普：léi）
*俎（粵：zo²，讀左。普：zǔ）

73

古老的用餐禮儀

周朝的餐桌上有一系列需要遵守的禮儀，大至餐具的使用，小至怎樣吃飯、怎樣吃粥、怎樣吃肉……

禮儀告訴人們哪些行為是不禮貌的，哪些吃飯的方法是不正確的。直到今天，我們的餐桌上還保留着部分禮儀要求。

毋咤食

吃飯時，嘴巴不能發出聲音，發出聲音是對主人的飯菜不滿意的表現，是非常不禮貌的行為。

毋放飯

拿過或吃過的食物不能再放回餐盤之中。在今天，這同樣是非常不衛生、不禮貌的行為。

*咤（粵：zaa³，讀炸。普：zhà）
*嘬（粵：caai³，讀猜。普：chuài）
*炙（粵：zek³，讀隻。普：zhì）
*齧（粵：jit⁶，讀熱。普：niè）

毋刺齒

吃飯時不要隨意剔牙齒，如果塞牙要等到飯後再剔，當面剔牙在今天也是一種非常不禮貌的行為。

毋嘬炙

在吃烤肉時，不要將大塊的肉一口吃下，狼吞虎咽的行為非常不禮貌。

毋齧骨

吃飯時，不能在飯桌上啃骨頭，這樣會發出不雅的聲響，而且滿嘴流油，顯得十分不禮貌。

毋投與狗骨

客人除了自己不能啃骨頭外，也不要把骨頭丟給狗去啃，這樣主人會認為你對飯菜不滿，是十分不禮貌的行為。

毋固獲

不要只吃自己喜歡的一種食物，或者去爭搶某種食物。

共食不飽

與別人一起吃飯時，自己不能吃得太飽，要注意謙讓。

食器上的「怪獸」

如果你去參觀博物館，一定會發現周朝的餐具上刻着一種凶悍的動物。沒錯，這是傳說中一種神秘的怪獸「饕（粵：tou¹，讀滔。普：tāo）餮（粵：tit³，讀鐵。普：tiè）」。傳說，饕餮是一種非常貪婪的怪獸，周朝人將既貪吃又貪財的饕餮刻到青銅鼎、簋等一些食器上，用來提醒人們不要像饕餮一樣貪吃。

饕餮

戰國農業大改善

春秋戰國是個混亂的時期，各諸侯國相互競爭的同時，也帶動了農業的發展。有些國家改掉了陳舊的制度；有些國家開始使用鐵質農具；有些國家為了解決水患，修建了一些浩大的水利工程。秦國李冰父子主持修建的都江堰水利工程，歷經了千年，時至今天還在運作。石圓磨的發明推動了小麥的種植，人們開始食用麵粉做成的食物。聰明的中國人還學會利用鹽來保存食物，我們今天的鹹魚、鹹肉、鹹菜在那時已經很常見了。

當時的各國相繼廢除不利於農業發展的舊制度，最有成效的是秦國。商鞅變法廢除了井田制，施行鼓勵開墾等一系列政策，使秦國農業迅速發展起來，秦國日漸強大，為後來的統一打下了基礎。

都江堰

鹽

鹹肉

圓石磨

鹹魚

鐵質農具

小麥

五穀與蔬菜

春秋戰國時期，人們主要的食物是五穀和蔬果。「穀」原來指的是帶有殼的糧食，像水稻、小麥。五穀指的是五種穀物，分別是粟、黍（粵：syu²，讀鼠。普：shǔ）、稻、麥和菽（粵：suk⁶，讀熟。普：shū）。

春秋戰國時的果蔬也很豐富，我們今天常吃的韭菜、蓮藕、蘿蔔、蔥等蔬菜已被大量種植；桃子、李子、杏、棗和梨等水果也都已經被人工栽培。

粟
粟，又叫稷（粵：zik¹，讀積。普：jì），俗稱穀子，去皮後又叫小米，中國北方人民的主要糧食之一，常常用來煮粥。

黍
黍，又叫黃米，與小米相似，黍煮熟後有黏性，是古代重要的糧食作物。

稻
水稻的種子即是米，去殼蒸熟後也就是我們常吃的白飯。水稻是長江流域的主要糧食作物，是人類重要糧食之一，早在 7000 多年前，河姆渡人已開始大面積種植水稻。

麥
小麥最早稱為「來」，五穀之一。春秋時期，石圓磨的發明將小麥從粒食發展到粉食，小麥麵粉可以製作餅和饅頭等食物，因此小麥的種植面積愈來愈廣，成為黃河流域的重要農作物。

菽
在古代，菽指的是大豆，又是豆類的總稱。豆類的品種很多，主要有大豆、綠豆、赤豆和黑豆等，我們常吃的豆腐就是用大豆做成的。

棗　杏

李子

桃子　梨

戰國之前，人們食用穀物時，大多是整粒蒸、煮，也有人用杵臼搗或用簡易的石磨磨成粗麵粉食用。春秋戰國時，有人發明了石圓磨，相傳發明人是中國古代著名的發明家魯班。自從有了石圓磨，人們將小麥磨得更細，小麥麵粉製作的餅類麵食也隨之多了起來。

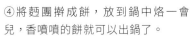

①小麥去掉外殼　②用圓石磨碾成粉　③用水和成麵團

④將麵團擀成餅，放到鍋中烙一會兒，香噴噴的餅就可以出鍋了。

小麥變成餅

圓石磨

菜園

韭菜

芹菜

蘿蔔

蔥

● 百味之首——鹽

鹽是人體必不可少的營養之一，也是廚房必不可少的調味料。如果不吃鹽，人的身體就會變得虛弱，如果烹調食物不放鹽調味，菜餚就會沒有滋味。在古代，鹽大約有四種，分別是海鹽、井鹽、池鹽和岩鹽。

很久以前，古人從動物的血液中獲取鹽分。後來古人發現了鹽，並發明了「煮海為鹽」。相傳，「煮海為鹽」的方法由黃帝的大臣夙（粵：suk[1]，讀叔。普：sù）沙氏發明。

井鹽

人們開鑿鹽井，從地下汲取鹽鹵（粵：lou[5]，讀老。普：lǔ）製成的鹽稱為井鹽。雲南和四川是古代主要生產井鹽的地方。相傳秦蜀郡太守李冰創造了鑿井汲鹵、生產井鹽的方法。生產井鹽首先需要鑿一口取鹵的井，打上鹵水後，放到大鍋中熬煮，水分熬乾後留下的結晶就是井鹽。

取鹵

鹽井

熬煮鹽鹵

海鹽

海鹽，也就是利用海水生產的食鹽，產地主要在沿海地帶。海水富含鹽分，古人在地勢較低的地方造曬鹽池，將海水引入，經過風吹日曬，海水逐漸蒸發，留下來的白色結晶就是鹽。除了曬鹽，古人還會用熬煮海水的方式來獲得食鹽，不過這種煮鹽的方式產量並不高。

成品鹽

取海水

生火

煮海為鹽

春秋戰國時期，人們已經會從鹹水湖中取鹽，用這種方式生產的鹽稱為「池鹽」。鹽在古代可是一種「寶貝」，戰國時，有個叫猗（粵：ji¹，讀衣。普：yī）頓的商人靠販賣食鹽成為了富翁。鹽也是古代諸侯國最重要的收入來源。春秋時期，齊國有位聰明能幹的相國叫管仲，他將鹽從私有轉變為國有，管制鹽業，把鹽當作國家的「提款機」，讓原本弱小的齊國迅速強大起來。

鹽的價值｜秦國統一中國後，看到了鹽的價值，再一次管制鹽業，並依靠賣鹽的收入支撐着很多重大工程。後來各朝的皇帝都看到了這條「財路」，繼續壟斷鹽業，鹽從此成為歷朝的受管制商品。

● 食物的儲存

新石器時代，人們學會農耕和馴養動物之後，吃不完的食物愈來愈多，怎樣保存食物成了一個難題。在冬季，食物保存的時間長一些，但到了夏天，吃不完的食物很快就會腐爛。一開始，人們把糧食儲存到陶器中，後來人們發現將糧食儲存在地下能夠保存更久。春秋戰國時期，人們除了在地下儲藏食物，還在地面上建起了糧倉。糧倉不但能防潮、防盜、通風，還可以防治蟲害，特別是防身手敏捷的老鼠。

陶器儲存食物

新石器時代，人們將吃不完的食物放到陶器中儲存起來。

青銅冰鑒

大家可能認為雪櫃是現代社會的產物，其實早在西周時期就已經有了「雪櫃」，是一種稱為「冰鑒」的青銅器。冰鑒由內外兩層容器組成，食物、酒水放入內層容器中，內層容器再放入外層容器中，兩層容器之間盛放冰塊。這樣可以起到冰鎮保鮮食物的作用，功能類似於今天的雪櫃。

糧倉

運送糧食

糧倉守衛

地下冷藏室

冰窖

風乾蔬菜
曬乾脫水後的蔬菜可以保存更久。

鹹魚

臘肉

狗

偷魚的貓

宰豬

待宰的豬

醃製鹹菜
用鹽醃漬過的蔬菜能夠保存更久，即使到了寒冷的冬天，古人也能吃到可口的鹹菜。

製作鹹魚、臘肉

在古代，肉類和蔬菜怎樣保存呢？早在春秋戰國時期，古人保存肉類和蔬菜的方法就有多種，包括我們今天使用的醃製、風乾和燻製等方法，臘肉、鹹魚、鹹菜以及各種肉乾是古人的家常食物。

那麼，「雪櫃」裏的冰是從哪裏來的呢？原來西周時就有了儲藏冰塊的冰窖，寒冬時人們到河中採冰，並放入冰窖，到炎熱的夏天，就可以吃到解暑的冰了。

河中取冰

●來自西域的美味

漢朝時，玉門關以西的地方稱為西域；西域有30多個國家。北方有一個叫匈奴的強大遊牧民族經常侵擾中原，忍無可忍的漢高祖曾率領30萬大軍迎戰匈奴，但最後以失敗告終。後來漢朝的皇帝不敢輕易出兵，只好採取和親、贈送禮品等策略。但這種策略不僅沒有換來和平，反倒養虎為患。漢文帝時，匈奴的騎兵更加猖獗，甚至侵擾長安周邊，嚴重威脅漢朝的安全。

後來漢武帝即位，聽說西域有個叫大月氏（粵：zi[1]，讀支。普：zhī）的遊牧民族與匈奴有仇，時刻想着復仇，便派張騫出使西域，想聯合大月氏一起對抗匈奴。勇敢的張騫兩度出使西域，雖然沒能達到軍事目的，但打通了西域與中原的通道，很多西域國家由此與漢朝建立貿易關係。在這條重要的貿易通道中，絲綢是最常見的商品，所以後人稱這條通道為「絲綢之路」。

絲綢之路打通以後，西域的物產開始傳入中原，我們熟悉的芝麻、葡萄、無花果、哈蜜瓜、石榴、綠豆、青瓜、蒜、芫荽和核桃都是經由絲綢之路陸續傳入中原。

西域的物產通過絲綢之路傳入中原

愛吃胡餅的皇帝

東漢時，西域的胡人將一些好吃的麵食帶到中原，其中胡餅受到中原人的喜愛。胡餅是一種形狀很大的餅，上面撒有芝麻，經烤焗而成，類似今天的烤饢、燒餅。據史書記載，東漢的漢靈帝十分愛吃胡餅，當時的胡餅已經是宮廷與民間的流行食品。

芫荽

芫（粵：jyun⁴，讀元。普：yán）荽（粵：seoi¹，讀須。普：suī），原產於中亞地區，是一種有獨特氣味的蔬菜。

芝麻

芝麻，又叫胡麻，漢朝時從西域傳到中原，芝麻的種子富含油脂，是榨油的原料之一。

無花果

無花果，漢朝時從西域傳到中原，可以食用鮮果，還可以製成果脯食用。

青瓜

青瓜，又叫胡瓜，原產於中亞地區，富含維他命 C，西漢時期從西域傳入中原。

葡萄

葡萄，原產於地中海及中亞地區，葡萄的果實富含大量葡萄糖、果糖，以及多種維他命和礦物質。

核桃

核桃是一種富含脂肪和蛋白質的堅果，原產於中亞地區，漢朝時從西域傳入中原，當時稱為「胡桃」。

石榴

石榴，又叫「安石榴」，根據歷史記載，西漢時期，張騫從西域安石國將石榴種子帶回中原，所以石榴又叫安石榴。

大蒜

大蒜，原產於中亞地區，西漢時期從西域傳到中原。

賓客

主人

穿肉串

烤肉串

燒烤爐

漢朝廚房的秘密

漢朝時，中國人餐桌上的食物非常豐富，如果你穿越到漢朝，會發現宴席中的菜品甚至盤子疊盤子，還可以品嚐到魚肉、甲魚肉、鹿肉、鵪鶉肉和一些叫不上名字的食物。漢朝人特別喜歡吃燒烤，他們將燒烤稱為「炙」，為了吃烤肉，人們還特製了「燒烤爐」。如果你走在漢朝的街市，還能看到熱鬧的肉舖和飯館，漢朝的人們喜歡大擺宴席，即使在沒有慶典、祭祀的情況下，也會舉辦奢華的盛宴。為了滿足食慾，他們甚至會殺掉用來耕作的牛。

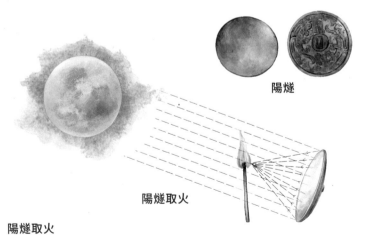

陽燧

陽燧取火

陽燧取火

取火一直是古代廚房的難題。周朝時，有人發明了「陽燧取火」，這是一種利用凹面鏡原理，使陽光反射聚焦在可燃物上，從而點燃可燃物的生火方式。到了漢朝，這種能取火的凹面銅鏡很受歡迎，甚至成為女子的嫁妝。但「陽燧」只能在陽光明媚時使用，陰天下雨時漢朝人還是需要鑽木取火。

漆器

中國漆器的歷史悠久，最早可以追溯到新石器時代。到了漢朝，漆器製作已經達到了歷史的高峯，成為生活中必不可少的用品。在食器中，漆盤、漆碗、漆盒及漆鼎特別受歡迎。

　　舉辦盛宴就會用到廚房和廚師，漢朝的貴族和富人都有自己的廚房和廚師。不過，那時人們將廚房稱為庖屋、庖廚，將烹調食物的廚師叫作庖人。貴族和富人家的廚房需要很多庖人為他們服務，這些庖人分工明確：宰殺動物、烹調的工作大多由男人負責；燒火、清洗餐具和遞送食物的工作則大多由女人負責。

庖人

肉

水井

雞

豬

牛

用鼎煮食

鴨子

不可口的飯菜直接倒給貓吃。

送飯的僕人

飯菜又要浪費了。

每日花費萬錢，都覺得飯菜不夠可口。

院內有吃不完的美食，院外乞丐飢餓難耐。

每天飯費兩萬錢

丞相的兒子何劭奢靡的程度甚至超越了皇帝；他吃飯時，必須要有全國各地的奇珍異味，每天的飯費要兩萬錢之多。

荒唐的晉武帝

晉武帝的妃子眾多，傳說有近萬人。司馬炎為了享樂，每天乘着羊車，讓羊車在宮中任意行走，當羊車停在哪位妃子的門前，便在此處就寢。

●西晉丞相日食萬錢

西晉是個短暫的朝代，在中國歷史僅僅存在了 51 年，西晉由司馬炎建立。西晉初期，他頒佈了一些利國利民的政策，結束了三國分裂的局面，再次統一全國。司馬炎起初還算是個合格的皇帝，但好景不長，擁有最高權力的他開始荒唐起來；不僅公開售賣官位，生活也變得奢靡。身為皇帝的司馬炎帶頭享樂，為全國官員作了個壞榜樣。

只吃十字花紋蒸餅

西晉丞相何曾，每天吃的飯菜就要花掉一萬錢，他還在嫌棄飯菜不夠豐富可口，埋怨沒有可以下筷子的飯菜。他吃蒸餅時，一定要吃裂有十字花紋的，剩下的一律不吃；皇帝請他吃飯時，他都要自帶家廚，根本看不上宮中的膳食。

白蠟當柴燒

大宦石崇是晉朝的大富翁，常與王愷相互攀比。王愷家裏用珍貴的糖漿洗鍋；石崇就用更加珍貴的白蠟當柴燒，以此來炫耀自己更富有。

糖漿水洗鍋

王愷是皇帝的舅舅，他為了炫耀財富，便用當時珍貴的糖漿水來洗鍋。

▶唐朝燒尾宴

唐朝時，人民安居樂業，國力空前強盛。生活條件改善了，皇宮和民間的各種宴會也就多起來，不管大事小情都要擺席設宴。在眾多宴席中有種「燒尾宴」，是一種流行於唐朝官場的宴會，當有人高中狀元或者升了官，就要大擺豐盛的宴席，宴請親朋和同僚。如果做了大官，還要請皇帝吃飯呢。

合食制

隋唐以前，人們都是席地而坐，單獨進食。到了隋唐，高大的胡人傢具傳到中原，人們不再席地而坐，而是圍着桌子，共同食用盤子裏的飯菜，這就是沿用至今的「合食制」。

為甚麼慶賀升遷的宴席叫燒尾宴呢？傳說鯉魚躍過龍門才能變成龍，但是黃河龍門水流湍急，鯉魚很難躍過。如果有鯉魚躍過龍門，就會有天火來燒掉魚的尾巴，鯉魚才能成為真龍。所以，以「燒尾」來命名這種宴會，比喻高中的人如同鯉魚一樣躍過了龍門。

垂足而坐

隋唐時期，胡人的椅、凳、桌等傢具慢慢在中原普及，人們漸漸從席地而坐改為垂足而坐。

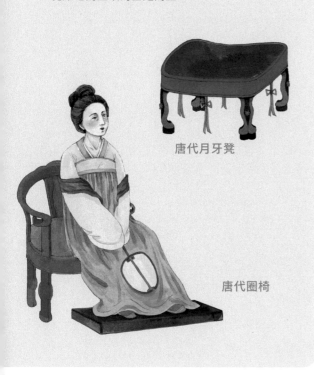

唐代月牙凳

唐代圈椅

唐中宗時，大臣韋巨源官升尚書令，他在家中設燒尾宴宴請唐中宗。宴後，韋巨源將宴請皇帝的食物清單保存了起來，這就是著名的《燒尾食單》。菜單中有哪些我們吃過的菜呢？一起來看看吧！

光明蝦炙
煎烤的鮮蝦。

湯浴秀丸
澆汁大肉丸，就像今天的獅子頭。

貴妃紅
紅酥餅。

乳釀魚
用鮮乳燉煮的魚。

纏花雲夢肉
類似今天的燻蹄。

蔥醋雞
酸酸的雞肉。

一日三餐

一日三餐已經成為我們每天的用餐習慣，但你知道唐朝之前的老百姓每天只吃兩餐嗎？

在唐朝之前，大部分人每天只吃早餐和晚餐，只有富貴人家才可能是每日三餐，皇親國戚每日甚至要吃四餐。到了唐朝，人們開始每天吃三餐。但對當時的普通農民而言，一天能吃到三餐還是很不容易。唐朝宰相李紳還曾寫了《憫農二首》，反映當時農民的生存狀態。這首詩告訴人們，農民是多麼辛苦，糧食有多麼重要。

《憫農二首》

春種一粒粟，
秋收萬顆子。
四海無閒田，
農夫猶餓死。

鋤禾日當午，
汗滴禾下土。
誰知盤中餐，
粒粒皆辛苦。

● 來到宋朝轉一轉

宋朝的商業在歷史上是很有名氣的,因為宋朝打破商業區與住宅區分立的坊市制度,臨街的住戶可以開設店舖、擺攤做生意。自從有了各種商舖,宋朝的街道人氣愈來愈旺,逐漸熱鬧起來。街道上甚麼商舖最多呢?當然是做餐飲的商舖!在宋朝的街道上,茶館、大酒樓、大排檔、小飯館和小食攤比比皆是。

宋朝的大酒店和小飯館的叫法也不一樣,大酒店被稱為「正店」,一般規模的酒店叫「腳店」。除了稱呼不同,大酒店和小飯館的菜品也很不同,大酒店服務於富人,菜品自然很精緻。而小飯館的菜品只是供平民百姓填飽肚子,所以只是些家常食物。

宋朝人特別會「喝」，除了茶和酒，他們還有很多飲品可以喝；在宋朝的街道上常常能看到售賣飲品的「香飲子」攤。這種攤位專門售賣各種口味的飲品，如果是夏季，還能買到加冰的冷飲。宋朝的飲品種類有很多，像生淹水木瓜、綠豆甘草冰雪涼水、鹵梅水和鹿梨漿等等，種類多得數不清。

飲子攤

鹿梨漿
用鹿梨做成的飲料。

生淹水木瓜
用木瓜做成的飲料。

綠豆甘草冰雪涼水
冰鎮的綠豆湯。

鹵梅水
用烏梅等材料做成的酸梅湯。

宋朝時就有了二十四小時營業的飯館，不管多晚，總能找到正在營業的飯館。有些飯館還可以提供外賣服務，如果不想在家裏開火煮飯，只要和店家說一聲，飯店的小二就會送餐到家。

宋代的外賣小哥

宋朝人還特別喜歡吃麵食，麵粉做的餅可是當時的主食。在宋朝的街道上，很容易找到餅店和餅攤。

燒餅攤

宋朝餐具很多都是瓷製品，這些瓷質餐具製作精美，每一件都是珍貴的藝術品。宋朝的瓷器在世界上也很有名氣，通過海上絲綢之路被賣到世界各地。宋朝的皇帝也非常喜歡瓷器，特意設立專門為皇家燒瓷的窯場，被稱為官窯。當時的汝窯、官窯、哥窯、鈞窯及定窯被稱為「宋朝五大名窯」。

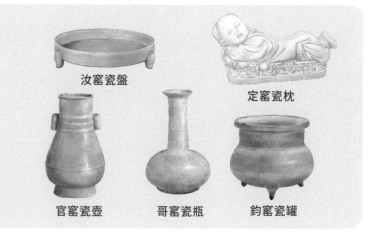
汝窯瓷盤
定窯瓷枕
官窯瓷壺
哥窯瓷瓶
鈞窯瓷罐

契丹的頭魚宴與頭鵝宴

契丹是中國古代北方一個非常古老的民族，一直在遼西地區過着遊牧生活。直到 916 年，契丹族的首領耶律阿保機在內蒙古建立了遼朝。勇猛的契丹人征服了多個民族，這讓遼朝疆域非常遼闊。契丹人的飲食習俗也很獨特，他們平常最愛吃肉食。狩獵和捕魚是契丹人獲取肉食的方式之一，就連皇帝也常常參與，一年四季有多次漁獵活動。其中，頭魚宴和頭鵝宴是皇帝每年都要舉行的圍獵活動，也是遼朝一年一度的盛宴。

頭魚宴

頭魚宴和頭鵝宴在每年春季舉行，只有皇親重臣和外國使者才能參加。到了正月，皇帝帶着大臣們來到江邊，紮起營帳，開始春季捕魚和狩獵活動。這時的江面還沒有解凍，捕魚者要鑿穿冰層，打出一個大洞。當鱘魚游到洞口呼吸時，多名捕魚者用魚鈎迅速把魚鈎住，並將捕撈的第一條鱘魚獻給皇帝。皇帝命人將魚烹製，分給皇親重臣和外國使者一起享用，這就是頭魚宴。

鱘魚

鱘魚是頭魚宴中主要捕撈的魚類，是一種大型洄游性魚類。

雞冠壺

雞冠壺是契丹人仿照盛水的皮囊做成的水壺，主要用來盛酒和盛水，壺身上有兩個可以繫繩的小孔，方便人們攜帶。

海東青捕鵝

射雁

侍衛

天鵝

擊鼓

海東青

又叫矛隼（粵：zeon²，讀准。普：sǔn），是古代北方遊牧民族狩獵的幫手，它天性凶猛，喜歡捕捉天鵝、大雁和兔子等動物。

頭鵝宴

頭魚宴結束後，接下來就是頭鵝宴了。江河融雪時，天鵝和大雁從南方飛回北方，正是捕獲的好時候。皇帝和大臣來到水邊，命令侍衛擊鼓，「咚咚」的鼓聲驚起蘆葦中的天鵝和大雁，馴鷹人放海東青去擒捉天空中的鵝和雁；而皇帝也會親自用弓箭射獵。捕到第一隻鵝的人會受到皇帝重賞，這隻鵝、雁用來敬天地及祭祖，然後被燉掉，供君臣們享用，這就是頭鵝宴。

戲雪

烹煮魚

燉魚

美味的元朝烤全羊

　　元朝是蒙古族建立的王朝，蒙古族是遊牧民族，主要依靠狩獵和畜牧獲取食物，食物以肉類和乳製品為主。蒙古人建立元朝之後，中原人受他們的影響，喜歡上了鮮美的羊肉，羊肉成為非常受歡迎的食物之一，一度供不應求。為了羊群繁殖着想，元朝皇帝頒佈禁止宰殺羊羔和母羊的命令，但即使這樣也擋不住人們吃羊肉的熱情。

羊

小狗

宰羊

烤羊

柳蒸羊

柳蒸羊是將醃製過的整羊放入烤爐中烤製，出爐後色澤金黃，看着就使人口水直流。

94

烤好的羊

舞者

在元朝宮廷的菜譜中，羊肉一直是皇帝喜歡的食物。用羊肉做的菜餚種類繁多，柳蒸羊就是其中一道。柳蒸羊就是今天的烤全羊，經常出現在隆重的宴席上。

馬

馬奶酒

蒙古族餐桌上還有一種特殊的酒，它是用馬奶發酵的，所以又叫馬奶酒。每年的七、八月是釀製馬奶酒的好季節。婦女們將馬奶收集到皮囊中，經過加工，最後發酵成酒。馬奶酒是蒙古族的傳統酒類，當時宮廷中的祭祀和宴會都要用到它。直到今天，馬奶酒仍然是蒙古族的重要飲品。

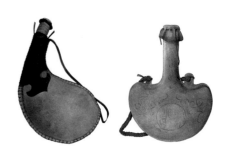

皮囊

皮囊是蒙古族用牛皮和馬皮做的用來盛水及酒的皮水壺。這種水壺不怕碰撞，十分耐用，皮囊上繫有皮繩，可以掛在馬上或背在身上，攜帶非常方便。

● 漂洋過海的食物

明朝是中國歷史上最後一個由漢族建立的王朝。明朝時期，中國是當時世界上最繁華的國家之一，國力十分強盛，永樂皇帝為了向世界展示中國的富強，下令組建了當時世界上最龐大的船隊。永樂三年，由鄭和率領這支龐大的船隊出使西洋。鄭和七次下西洋開通了多條海上航線，與很多國家建立了良好關係，還將茶葉、瓷器、絲綢、白糖、柑橘和櫻桃等傳到了國外。

搬運貨物

與此同時，外國的物種也傳入中國，比如番薯、馬鈴薯、粟米、番茄、辣椒、向日葵和花生等農作物。從外國傳來的農作物不但豐富了人們的餐桌，粟米、番薯、馬鈴薯等農作物還解決了古代缺糧的問題，改變了中國的糧食結構。辣椒成為人們喜愛的調味料；瓜子和花生成為榨油原料和常見的零食。這些外來的物種已經成為我們餐桌上不可或缺的食物。

薯仔絲

馬鈴薯
馬鈴薯又叫洋芋、薯仔，原產於美洲，明朝萬曆年間傳入中國。馬鈴薯含有大量澱粉，是中國重要的糧食作物。馬鈴薯做成的薯仔絲是家常菜之一。

薯仔

粟米棒

粟米窩窩頭

粟米
粟米也就是棒子、苞穀、苞米，曾經稱為玉蜀黍。它原產於美洲，明朝時來到中國，是我們今天最常吃到的食物之一，粟米窩窩頭、粟米粥就是由它做成的食物。

粟米粥

花生

花生
花生原產於美洲，明朝時傳入中國。花生富含油脂，是榨油的原料之一。花生炒熟後是人們喜歡的零食和家常小菜。

鄭和

絲綢

茶

瓷器

白糖

糖 糖

柑橘

櫻桃

剁椒魚頭

湘菜中的經典名菜，辣椒和魚頭是這道名菜的主料。

辣椒

辣椒最早叫番椒，原產於美洲，明朝中期傳入中國。到了今天，辣椒已經成為重要的蔬菜和調味料，用辣椒烹調的食物也非常多，在川菜、湘菜中都可以看到辣椒的影子。

番茄炒蛋

番茄

番茄又叫西紅柿，原產於南美洲，明末傳入中國。番茄最初來到中國是被當作花卉觀賞，而不是食物。後來人們發現了番茄的美味，番茄炒蛋、糖拌番茄成為家常菜。

葵花籽

向日葵

向日葵是菊科植物，原產於美洲，明末傳入中國。向日葵的種子含油量高，是榨油的原料之一。葵花籽經過炒製就成為人們愛吃的瓜子了。

番薯的故事

番薯，又叫甘薯、紅薯、地瓜，原產於遙遠的美洲。番薯煮熟後軟糯香甜，征服了人們的味蕾，後來歐洲人發現了它，並帶到了菲律賓等地栽種。那麼，好吃的番薯是怎麼來到中國的呢？這還要感謝一位叫陳振龍的商人。原來，明朝萬曆年間，陳振龍在菲律賓品嚐到了美味的番薯，他決定引進到中國，但當時菲律賓被西班牙統治，嚴禁番薯外傳。聰明的陳振龍將薯藤和纜繩混纏在一起，並塗抹上泥巴，這才躲過了檢查。陳振龍的船航行了七天，終於把番薯藤帶到了福建。

陳振龍將薯藤和纜繩混纏在一起。

陳振龍在海上航行了七天才帶着番薯藤回到福建。

挖番薯

番薯怎麼吃？

番薯是一種富含多糖和蛋白質等多種營養，並且非常高產的糧食作物。番薯的食用部分是它長在地下的塊根，食用方法多種多樣，可以直接生吃，也可以煮來吃，烤來吃，煮粥吃，或者曬成番薯乾，做成小零食。番薯的澱粉含量很高，人們也可以將番薯澱粉做成好吃的粉條。

生番薯

烤番薯

番薯乾

番薯粉條

番薯粥

番薯澱粉

這一年，福建發生旱災，陳振龍和兒子陳經綸向福建巡撫金學曾建議種植番薯，幫助災民度過災荒，金學曾便讓陳經綸試種。試種成功後，金學曾親自品嚐，覺得番薯味道甘甜，還能填飽肚子，是一種很好的農作物。之後，番薯在福建被推廣種植，幫助人們度過了災荒。

後來，江南也遭遇了旱災，水稻顆粒無收。當時著名的科學家徐光啟知道了番薯的好處，大力推廣農民種植，使人們成功度過災荒。

清朝皇帝的一餐

中國歷史上最後的王朝是滿族建立的清朝。滿族人在山海關外的時候，吃的食物比較簡單，等入主了紫禁城後，就設立了管理皇家飲食的光祿寺和御膳房。御膳房設立後，從全國各地招攬漢人廚師，漢人廚師又將漢族的很多名菜帶入皇宮。就這樣，全國的名菜匯集到皇宮，豐富了皇帝的餐桌。

皇帝的金質餐具　　　　銀碗　　　　　琺瑯杯盤　　　　　粉彩瓷盤

皇帝的餐具
皇帝吃飯使用的餐具也都是最珍貴的金、銀、琺瑯和瓷器。

金甌永固杯
金甌（粵：au¹，讀歐。普：ōu）永固杯是皇帝專用的飲酒器。

銀牌
銀牌是皇帝進餐時，用來驗毒的工具。相傳銀牌變黑，說明菜品有毒，銀牌沒有變化，說明菜品無毒。

清朝皇帝吃飯是件重要的事情，一頓飯要使用上百斤肉和蔬菜，做幾十種菜品。皇帝用餐時，總是害怕會有人在飯菜裏下毒，所以每個菜盤中都插着一塊銀牌子，吃飯前先看銀牌的顏色有沒有變黑，有時還需要太監以身試毒，品嚐一下菜品是否有毒。

皇帝

查驗銀牌

嚐菜試毒

火鍋

受歡迎的火鍋

火鍋是一種涮（粵：saan³，讀傘。普：shuàn）煮食物的烹調方式，這種煮食方式早在陶器時代就有了，西周時，人們還發明了一種「有盤鼎」，鼎下的盤用來盛放炭火，類似於今天的小火鍋。漢朝時，又有人發明了一種有五個格子的「分格鼎」，就像今天的鴛鴦火鍋。到了清朝，火鍋已經風行全國，成為皇帝和百姓喜歡的美食。滿族人吃火鍋的歷史可以追溯到遼朝，甚至更久之前。當時的火鍋主要涮煮羊肉，所以吃火鍋又叫「涮羊肉」。

有盤鼎
西周的「小火鍋」

分格鼎
漢朝的「多格火鍋」

在清朝涮火鍋，可以吃到哪些菜呢？我們一起來看看吧！

粉絲

山藥

牛栢葉

羊肉

蒜頭

薯仔

豆腐

韭菜花

魚

腐乳

雞肉

蝦

芫茜

香菇

菠菜

芝麻醬

冬瓜

芝麻燒餅

大白菜

涮羊肉的銅火鍋

清朝的乾隆皇帝特別愛吃火鍋，他的御膳幾乎都有火鍋的影子。乾隆皇帝曾經舉辦過盛大的千叟宴，專請年過 60 歲的老人吃飯。宴會上特意為老人們準備了熱呼呼的火鍋。

饅頭

大餅

麵條

吃麵條

餃子

吃大餅

狗

南北主食與西餐

　　民國時期，中國人的主食仍然是以米飯和麵食為主。南方地區的人們喜歡吃米飯，北方地區的人們更喜歡吃麵食，像饅頭、大餅、包子、餃子和麵條等。除了這些主食，洋人的西餐也進入了人們的菜譜。清末，洋人用洋槍洋炮轟開了中國的大門，商人和傳教士大量進入中國，並帶來了他們的西餐文化。

中國人的傳統零食

芝麻糖、花生糖、牛皮糖以及各種蜜餞是中國人的傳統零食。

芝麻糖　　　花生糖　　　牛皮糖　　　蜜餞

中國傳統糕點

中國傳統糕點多種多樣，像米花糕、鍋盔、麻花、巧果、棗花酥和豌豆黃只是其中的一小部分。

米花糕　　　鍋盔　　　麻花

巧果　　　棗花酥　　　豌豆黃

米飯
—
南方地區的主食。

湯
—
在南方的餐桌上，湯是必不可少的。

西方糖果和糕點

西方的棒棒糖、朱古力、水果糖等糖果已經成為小朋友們的最愛。

棒棒糖　　朱古力　　水果糖

小蛋糕和雪糕等西方甜品傳到中國，得到人們的喜愛。

小蛋糕　　雪糕

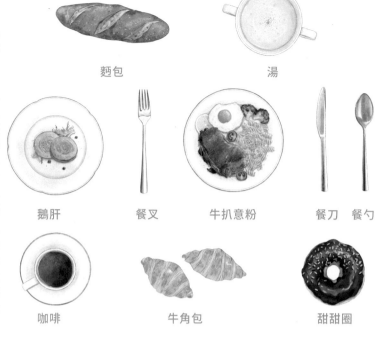

麵包　　　湯

鵝肝　　餐叉　　牛扒意粉　　餐刀　餐勺

咖啡　　牛角包　　甜甜圈

西餐｜西餐是指西方人的餐食，西方人一般以刀、叉及勺為餐具，麵包做主食。西餐上菜講究一定的順序，一般先上頭盤，之後是湯、沙律和主菜，最後上甜品和咖啡。

到了民國，愈來愈多洋人到了中國，在中國的大城市開起西餐廳。西式餐館讓中國人覺得很新奇，因為當時大部分人並沒有吃過西方的麵包、牛扒。隨着西餐一起來到中國的還有西式糖果、糕點、雪糕和咖啡等，這些也很受人們歡迎，特別是甜甜的糖果。一時間，人們爭相去西餐廳一飽口福，上西餐廳吃飯也成為了一種時尚。

猿猴釀酒

早在新石器時代，中國就出現了很多陶質的酒器。青銅器時期的酒器就更多了。河南曾出土了一件叫提梁卣的青銅酒具，出土時裏面還裝着 3000 多年前的商朝古酒。

商代的提梁卣

卣中還保存着 3000 多年前的果酒。

▶ 瓊漿玉露——酒

　　中國釀酒歷史悠久，關於酒的起源就有好幾種說法：第一種是猿猴釀酒，傳說猿猴將採集的鮮果藏到岩洞或石窪中，時間一長，果實腐爛，經過自然發酵，就成了原始的果酒。第二種說法是儀狄造酒，大禹的下屬儀狄是中國最早的釀酒人。另一種說法是杜康造酒，傳說黃帝的大臣杜康將多餘的糧食儲藏在枯死的樹洞裏，經過風吹雨打，糧食慢慢地發酵，並滲出清香的汁液。杜康從中受到啟發，根據這種原理釀出了酒。早在先秦時期，酒就有了很多品種，儀狄發明的可能是果酒，杜康造的是糧食酒。

製作果酒

杜康釀酒

杜康偶然發現用糧食可以釀酒。

酒在夏商時期已經很普及，在各類宴會和祭祀中都能看到酒的影子。夏商時期的酒有很多種類，如類似酒釀的甜酒、甘甜的果酒和糧食酒。商朝的紂王因為沉溺飲酒，建了酒池來享樂，最後因為胡作非為和瘋狂飲酒而丟了國家。

商紂王建造酒池肉林，嗜酒如命。

青銅禁

吸管飲酒

古人飲酒除了使用杯、碗等酒具，也會用「吸管」。古代的「吸管」是用藤、竹子製成的。大家圍着罈子吸酒喝的飲酒方式又叫「咂（粵：zaap³，讀褶。普：zā）酒」，部分少數民族至今還保留着這種飲酒方式。

咂酒

打敗紂王的西周統治者認為，酗酒是亡國的原因之一，所以周朝頒佈了中國最早的禁酒令《酒誥（粵：gou³，讀告。普：gào）》，規定只有祭祀時才可以飲酒。後來周天子還將放置酒器的案具起名為「禁」，以勸告人們不要隨便飲酒。

葡萄酒在漢朝時被當作貢品從西域傳到中原。唐朝時，飲用葡萄酒在宮廷與民間流行起來。很多唐詩中都提到葡萄酒，最著名的是王翰的《涼州詞》：「葡萄美酒夜光杯，欲飲琵琶馬上催。」

夜光杯

飲葡萄酒

中國的千年飲料——茶

茶是當今世界重要的飲料之一，中國是茶的故鄉，是最早栽培和飲用茶的國家。中國的茶歷史悠久，傳說神農嘗百草時就有了茶。關於飲茶的記載最早出現在漢朝的文獻中。到了唐朝，一個叫陸羽的年輕人迷上了茶，並開始研究茶；他在 28 歲那年寫出了世界上第一部關於茶的書——《茶經》，所以陸羽被譽為「茶仙」。

供人休息飲茶的茶坊在宋代十分流行。古人和現代人一樣，有了閒暇時間就會約上三兩好友，到茶坊喝喝茶、聊聊天，消磨一天的時光。北宋汴京的茶坊有早市茶坊和晚市茶坊，不管白天黑夜，人們總能找到喝茶的地方。

茶坊

《茶經》

《茶經》是世界上第一部關於茶的「百科全書」。

宋朝還流行一種品茶的比賽，稱為鬥茶。宋朝的茶農、茶商和文人相互之間舉行鬥茶，人們通過看茶色、聞茶香、品茶味來分出茶葉的品級高低。鬥茶流行於宋朝，後來傳到了國外，至今還在流行。

鬥茶

漢朝的絲綢之路開通後，中國的絲綢、瓷器、茶葉傳到了世界各地。在唐朝，西域商人常用馬匹換取中原的茶葉。到了明代，鄭和下西洋時帶了大量的茶葉，這些茶葉沿途被當作禮物和商品留在了印度、斯里蘭卡，甚至遙遠的非洲東岸。後來，有兩個哥薩克人將茶葉傳到了俄國，荷蘭船隊又將茶葉賣到了歐洲的其他國家。就這樣，中國的茶葉漸漸成為了世界的茶葉。

茶馬古道
古人以茶馬古道運送茶葉和瓷器等物品到西藏，對茶文化傳播有莫大貢獻。

點茶 | 宋朝人喝茶並不像現在一樣直接用開水沖泡茶葉，而是先將新鮮的茶葉蒸熟，再製成茶餅，供給皇帝的茶餅還要印上龍鳳圖案。宋人想要喝茶，需要用茶碾、茶磨將茶餅碾成粉末，用沸水沖泡，並用茶筅（粵：sin^2，讀洗。普：xiǎn）打出沫後，才可以飲用。

茶餅　　　茶磨　　　茶碾　　　茶葉粉末　　　茶筅

散茶 | 到了明朝，人們開始使用沸水沖泡茶葉，可以簡單沖泡的散茶逐漸取代了茶餅。

宋朝時，茶的種植面積愈來愈大，民間有了將「柴米油鹽醬醋茶」稱為開門七件事的說法，茶成為其中一件。飲茶是人們重要的生活習慣，上自皇帝下至百姓，都被茶香所吸引。宋朝的皇帝為了喝到好茶，還組建了貢茶院，這是一個專門為皇家生產貢茶的部門。

茶園

● 酸甜苦辣鹹

我們常聽到五味調和這個詞，那麼五味是甚麼呢？五味就是五種味道，分別是酸、甜、苦、辣、鹹。古老的中醫認為五味與人體的器官相關，如果能搭配好食物的五味，還能起到保健和養生的作用。

在商代，有個叫伊尹的大臣最早提出五味調和的說法。伊尹從小被廚師養大，做了商朝的大臣以後，他還將治理國家比作烹飪，認為一國之君要像廚師一樣調和好五味，才能治理好國家。

一、酸味

人類最早嚐到的酸味可能是從梅子或其他水果中獲取的。商周的時候，人們把梅子做成梅漿來為食物調味。釀醋的歷史悠久，至少在 3000 年以上。醋的發明可能與釀酒有關。相傳，杜康的兒子黑塔不捨得丟棄釀酒用的酒糟，將其浸泡在缸裏，沒過多久，從缸裏飄出了濃郁的酸味，醋就這樣意外誕生了。

在唐朝，人們還發現了醋具有消毒的作用，唐代著名的醫學家孫思邈在《千金要方》裏將醋當作藥物使用。到了宋代，醋已經成為家家必備的調味品，人們每年消耗的醋甚至超過了酒。相傳，杭州的名菜「西湖醋魚」就是在南宋時期發明的。

除了醋，還有哪些食物是酸的？

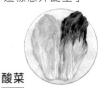

酸菜

人們將白菜、芥菜、蘿蔔等蔬菜浸泡密封起來，待其發酵變酸，酸菜就做好了。

醋

西湖醋魚

梅子

二、甜味

甜味是很多人喜歡的一種味道，人類最早嚐到的甜味是從野果中獲取的，後來聰明的人類用火燻跑蜜蜂，又嚐到了更甜的蜂蜜。中國最早發明的人工甜味食品稱為飴（粵：ji⁴，讀兒。普：yí），是一種用米或麥的嫩芽做成的糖漿。因為飴糖大多是用麥芽熬製的，所以又叫麥芽糖。人們在西周時就已經吃上了麥芽糖，到了戰國時期，麥芽糖已經成為很常見的食品。直到今天，人們按傳統習俗祭灶王時，還會用到麥芽糖造成的糖瓜。

古人食用甘蔗的歷史很悠久，但用甘蔗製糖卻很晚，直到唐朝，人們才會製作白糖。相傳，製作白糖的方法是一位名叫鄒和尚的西域僧人傳來的。他在唐朝大曆年間來到四川遂寧，將用甘蔗製作糖霜的方法傳授給當地人，中國這才有了白糖。哪些食物是甜的？

麥芽

製作麥芽糖的主要原料。

麥芽糖

古代稱為飴糖。

冰糖葫蘆

又叫糖墩兒，是冰糖和山楂做成的小吃。

糖畫

手藝人用白糖、麥芽糖熬成糖液，在石板上畫出各種人物、動物、植物造型。

糖人兒

糖人兒是手藝人用麥芽糖或蔗糖吹成的各種造型的動物和人物。

甜味水果

蘋果、桃、柿子、哈蜜瓜等水果的味道都是甜甜的。

糖瓜

又叫關東糖、麻糖，是用麥芽糖和芝麻做成的糖塊，一般是瓜的形狀，祭灶王時常會用到。

紅糖

白糖

甘蔗

古人最早直接啃食甘蔗，或榨汁食用，唐朝時開始用甘蔗製糖。

冰糖

糖車

糖車是古代的「榨汁機」，用牛、驢等拉着轉動，主要用來榨取甘蔗汁，如今盛產甘蔗的地區仍在使用。

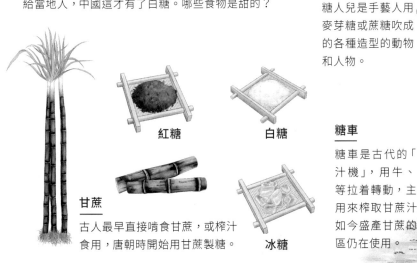

三、苦味

苦味是人類最不喜歡的味道之一。中藥材大多都有苦澀的味道，這也是人們不喜歡飲藥的原因。在我們的食物清單中，也有一些帶苦味的食物，不過只有少數人會喜歡。苦味的食物往往都是藥食同源，比如苦瓜、銀杏果、蓮心、苦蕎麥、杏仁、蒲公英，它們既可以食用，又可以當作藥材。

苦瓜

一年生草本植物，果實長圓形，兩頭尖，表面有許多突起，可以當作藥材和蔬菜食用。

涼拌苦瓜

苦蕎麥

一年生草本植物，種子可以入藥，又可以食用、泡茶。

銀杏果

又叫白果，是銀杏樹的種子，果仁味道苦澀。

蓮心

蓮子中綠色的胚芽，帶有強烈的苦味，可以食用，也可以藥用。

杏仁

又叫苦杏仁，是杏的種子，味道微苦。它既是中藥，又是一種好吃的乾果。

蒲公英

又叫婆婆丁，常見於田間，是一種可以當作蔬菜、藥材的多年生草本植物。

四、辣味

一種讓人口舌「生火」的味道。其實辣味並不算是一種味道，而是刺激到口腔神經的一種辛辣的感覺。我們今天最熟悉的辣味食品是辣椒，但明朝以前，古人只能從酒、大蔥、大蒜、生薑、胡椒等食物中嚐到辛辣的滋味，直到明朝，辣椒才漂洋過海來到了中國。到了清朝，人們開始食用辣椒，後來又在全國大量種植。如今，很多人已經離不開辣味了。

蔥

酒

麻辣火鍋

辣椒是川菜、湘菜等菜系的重要調味料，重慶的麻辣火鍋更是離不開辣椒。

胡椒

姜

蒜

五、鹹味

鹹味是五味中最常吃到的味道，如果我們的食物沒有鹹味，就會食之無味。鹹味的主要來源是鹽，鹽的主要成分是氯化鈉，它可以讓我們感覺到鹹的味道。有些動物也離不開鹽分，食草動物通過舔食含鹽的地面或湖水來補充鹽分，有些地方的古人就是靠這種方法找到鹽礦。鹽的作用有很多，醫生也很喜歡鹽，還可以把鹽製成生理鹽水來為病人補充能量。鹽對人類保存食物有很大貢獻，自古以來人們就會用鹽來醃製蔬菜、肉類、魚類等食物。我們平常能吃到腐乳、豆醬、豆豉、鹹魚、鹹肉、鹹蛋、鹹菜可都是鹽的功勞。但是，鹹味食品雖然好吃，卻不能食用過多，攝入太多鹽分會引起一些疾病。

豆瓣醬

用蠶豆、黃豆等原料釀製的調味品。

豆豉

用黑豆或黃豆發酵而成的食品。

鹹魚

用鹽醃漬曬乾的魚。

鹹蛋

又叫醃鴨蛋，是主要用鹽醃漬的鴨蛋。

鹹肉

用鹽醃漬的肉類。

鹹菜

用鹽醃漬的蔬菜可以保存更久。

● 節日中的美食

　　中國有很多傳統節日，歷史非常悠久，有些節日可以追溯到夏商，甚至更早。中國的節日活動內容豐富，每個節日都有獨特的美食。節日裏的美食都有來歷，有些與節令有關，有些與歷史人物有關。美食與節日經歷了上千年的歷史，有些漸漸被人們淡忘，有些則被人們傳承了下來，並形成了今天的節日食譜。

春節

　　春節是中國最重要的節日，據說起源於夏商。春節，古時稱為元旦，又稱元日。西漢時確定正月為歲首，正月初一為新年；到了民國，開始使用公曆，公曆的一月一日稱為元旦，正月初一稱為春節。

　　新年前一天稱為除夕，在除夕這一天，人們要守歲，全家人要聚在一起吃年夜飯。南方和北方的年夜飯有所不同：北方過年要包餃子、吃餃子，餃子是取新舊交替「更歲交子」的意思；南方大部分地區過年要吃年糕、魚、肉等菜，年糕有「年年高」的寓意，魚是「餘」的諧音，象徵「吉慶有餘」「年年有餘」。

雞肉

餃子

魚

年糕

吃年夜飯

賞花燈

湯圓

元宵節 ｜ 農曆正月十五是元宵節，又稱上元節，起源於西漢時期，是中國的傳統節日。正月十五是新年中的第一個月圓之夜，這一天人們要吃湯圓、吃元宵，參加賞燈、猜燈謎等活動。元宵和湯圓是元宵節的節日美食，是用糯米和不同的餡料做成的，因為形狀是圓的，所以又象徵着合家團圓。

寒食節和清明節

大約清明節前一兩日是寒食節。寒食節是中國傳統節日中唯一以飲食習俗命名的節日,相傳是晉文公為悼念介子推而設立的,這天不能用火,要吃冷食,主要吃寒食粥、寒食麵。寒食節過後就是清明節。在這一天,人們要祭奠祖先,為先人掃墓,和家人一起去踏青。清明也要吃寒食,主要是青團。

青團
青團是將艾葉或其他蔬菜的汁液和糯米粉混在一起,再包裹豆沙等材料做成的小吃。

寒食粥

寒食麵

祭奠先人

拜月

月餅　　**桂花酒**

中秋節
農曆八月十五是中秋節,這天恰在秋季的中間,所以被稱為中秋。中秋節這天,古代就有祭月、賞月、吃月餅、飲桂花酒的習俗,一直流傳到今天。八月十五的滿月又圓又亮,人們仰望圓月,盼望與家人團聚,所以中秋又叫團圓節。中秋這天要吃月餅和秋天的時令蔬果。月餅最初是拜月的祭品,因為形狀是圓的,又是全家一起吃的食物,也就成為了象徵團圓的食物。

重陽節
農曆九月初九是重陽節。九月九日兩九相重,所以重陽又叫重九。古時候,人們會在這一天出遊賞秋、登高望遠、賞菊、飲菊花酒、吃重陽糕。

端午節
五月初五是端午節,傳說是為了紀念楚國詩人屈原。端午節主要有賽龍舟、採艾葉和菖蒲、為孩子配香囊、喝雄黃酒等習俗。這一天家家都要包糉子。糉子,又叫角黍、筒糉,由糉葉包裹糯米蒸煮而成,是端午節的節日美食。

糉子

賽龍舟

登高

重陽糕　　**菊花酒**

住

自然饋贈的禮物

在距離我們久遠的遠古時代，原始人還不會蓋房子，他們的生活往往面臨野獸和自然災害的威脅。考古發現，遠古的直立人——北京猿人居住在北京周口店的山洞中，他們利用天然形成的山洞遮風擋雨、躲避野獸，並且學會了使用天然火取暖和加熱食物。北京人在這樣的惡劣環境中無法獨自生存，他們往往是幾十個人群居在一起，一起狩獵、採集食物及柴薪，形成了早期的原始社會。

狩獵歸來

分割獵物

拾柴歸來

生病的人

哺乳

生活在山洞中的北京人已學會保存自然火和加熱食物了。

生肉

蜘蛛

獸皮
原始人會把獵物的獸皮保存起來，到了冬天再用來保暖。

吃剩的動物頭骨

蜈蚣

北方的遠古人類為了生存躲進山洞，而生活在南方的人類為了隔絕地面濕氣和躲避野獸，也想到了一個好方法——搬到樹上。相傳，遠古時代有一個聰明人，他看到了小鳥築巢的過程，從中受到啟發，開始在樹上建造房屋。後來人們紛紛仿效他，並把這位巢居文明的開拓者稱為「有巢氏」。巢居代表人類發展的一個階段，從利用天然山洞居住發展到建造房屋的雛形，是人類進步的標誌。

劍齒虎

構木為巢｜人們在樹上搭起簡易的巢居，以適應南方潮濕的環境和躲避野獸的侵襲。

石器｜石頭做成的石器是石器時代重要的生活生產工具，有了這些鋒利的石器，砍伐硬木更加方便。

●在逆境中生存

在歷史的長河裏，人類在逆境中生存，並且不斷地成長、進步。河姆渡人生活在長江下游，戰勝了惡劣的地理環境，頑強地生存在沼澤地。潮濕的沼澤地一直困擾着他們，但聰明的河姆渡人並沒有被地理環境打敗，而是利用他們的智慧，努力創造了一種「杆欄式」房屋。他們將木樁打入地下一米多深，然後在木樁上架起龍骨，鋪上地板，架起屋頂，防潮的雙層「杆欄式」房屋就這樣落成了。考古發現，7000多年前的河姆渡人已經開始大面積種植水稻，並且依靠種植水稻和馴養動物來獲取食物。河姆渡人也是歷史上最早使用榫（粵：seon²，讀筍。普：sǔn）卯結構的人類。

烹調食物

縫製衣物

雨層的杆欄式房屋上層住人，下層可以飼養豬隻。

豬是河姆渡人的肉食來源之一。

魚乾

收割成熟水稻

中國最早的水井

河姆渡遺址發現了迄今最早的木構水井遺跡,當時人們利用木樁圍成方形井壁,在井口安裝方形的木框,並蓋起保護水井的圍欄。

種植水稻

考古發現,7000 多年前的河姆渡人已經開始大面積種植水稻,並且依靠種植水稻獲取食物。

最早的榫卯構件

河姆渡遺址出土了中國迄今發現最早的榫卯構件。榫卯是建築中使用的一種凹凸結合的連接方式,凸出的部位叫榫,凹進去的部位叫卯。在沒有釘子的時代,榫卯構件使房屋連接得更加牢固。

加工榫卯構件的工具

河姆渡人之所以能夠加工出複雜的榫卯,主要依靠石錛(粵:ban[1],讀賓。普:bēn)、石斧、骨鑿等工具,不同的工具用來加工不同的構件。

人們需要齊心協力建造杆欄式房屋。

河姆渡人的水井

捕魚

狗

製作陶器的河姆渡人

● 新的嘗試

生活在中國大地上的人類總是不斷地嘗試和創新。新石器時代，生活在黃土地帶的人們嘗試建造一種新式「房屋」；他們利用地勢在黃土斷崖或陡坡上橫向掘出用於居住的洞穴，這就是最早的窰洞式住宅。而生活在平原地帶的人們同樣在建造新房子。他們發現天然的地下洞穴冬暖夏涼，於是便模仿天然洞穴，建造地下住所。他們利用簡陋的工具，從地面向下挖出一個地穴，並在洞口支好木架，鋪上茅草和樹葉。就這樣，地下的房子建好了。

最早的窰洞 ｜ 橫穴式住居，又被稱為窰洞，新石器時代，人們已經學會在黃土斷崖上橫向挖洞居住。

獵人

鹿

烹調食物

縫製衣物

拾柴歸來

狗

狩獵歸來

陶器

地下的住所 | 生活在平原的人們在平地上挖出一個豎向的坑穴，並在坑穴上加蓋房頂，這種住所叫豎穴式居所。

挖掘豎向坑穴

晾曬衣物

兔子

鼴鼠

恐龍化石

烹調美食

● 遙遠的氏族村落

村落大約在一萬多年前出現。當有大量人群在同一個地方建造大量房子並定居下來，開始生產及從事社會活動時，一個村落就形成了。6000多年前，一些人在黃河中上游定居下來，形成一個原始村落，那個地方叫半坡，住在那裏的人被稱為半坡人。半坡人處於母系氏族社會，他們共同勞動，共同分享勞動成果。半坡人生活的村落由土木合構的房屋組成，小房子圍繞着一座大房子而建，大多是半地穴式房屋。

生活在村落裏的半坡人分工明確，有的燒製陶器，有的搭建房屋，有的在叢林中狩獵，有的在河流中捕撈魚蝦，還有的在田裏種植。整個村落構成了一幅井然有序的田園風光畫。

搭建房屋

用於通風、排煙和採光的煙囱

半地穴房屋

半坡人已馴化了狗、豬、雞等家畜及家禽，豬成為半坡人肉食的主要來源之一。

半坡人的農業非常發達，6000多年前已經開始大面積種植小米、白菜等農作物。

在母系氏族社會，年長的婦女擁有很高的地位和權利。

雞

橋

120

燒製陶器的窯

6000 多年前的半坡人已經學會燒製漂亮的陶器。

羊

狩獵

採集

小米

捕魚

半地穴房屋

半地穴房屋是在豎穴式居所向地面建築演變的過程中出現的一種房屋。它的居住空間一部分在地下，所以叫半地穴。半地穴房屋多為圓形和方形房屋。

▲圓形半地穴房屋

方形半地穴房屋∨

地面房屋

地面房屋是由地穴式居所、半地穴式居所演變發展而成的。人們在生活中意識到，如果長期居住在地穴，濕氣會損害人的身體，影響人的健康，於是居所由地穴升高到半地穴，再由半地穴發展到地面房屋。

▲圓形地面房屋

方形地面房屋∨

● 王的宮殿

　　氏族社會解體後，逐漸產生了國家，也因此產生了「王」和「貴族」，部落的大房子成為了王和貴族的「宮殿」。夏朝有一位王，在洛河畔建造了一座城，並在城中蓋了一座氣派的宮殿，這是我們已知最早的宮殿。夏王和家人生活在這裏，夏王在宮殿中處理公務和開會。宮殿戒備森嚴，裏外都有衞兵把守着。到了晚上，人們在院子裏點燃篝火，直到天亮了才會熄滅。這座宮殿遺址位於洛陽偃師市境內，被稱為二里頭遺址。考古工作者在遺址中發現了最早的鑄銅作坊，並出土了夏朝青銅爵。二里頭遺址的宮城，是迄今可確認的中國最早的宮城遺跡，宮城的設計開創了古代都城規劃制度的先河。

奴隸們的房屋

夏朝是中國奴隸社會的開始，奴隸既是可以買賣的「商品」，又是可以說話、勞動的「機器」。他們居住的房屋結構簡單，陰暗潮濕，面積狹小。

卜骨

卜骨是古人用來卜問吉凶的占卜用具。骨頭被鑽鑿和燒灼後，會出現一些裂紋，巫師便根據這些裂紋來判斷禍福。

夏代陶鼎

陶鼎最早是用於煮食物的炊器，到了商周，逐漸成為禮器。

青銅爵

二里頭遺址出土的青銅爵，是目前所知中國歷史上出現最早的青銅容器。

陶排水管

在二里頭遺址考古中出土了陶排水管，那時的人們已經開始鋪設地下排水設施。

四阿重屋

四面坡頂、兩層檐的屋頂被稱為「四阿重屋」。這種屋頂既可以保護房屋、夯土台基不受雨淋，又不影響日照和通風。

宮殿

王

侍者

占卜

衞兵

從秦朝阿房宮到漢朝未央宮

秦朝是中國歷史上第一個大一統王朝。秦國的君主嬴政花了十年陸續兼併六國，完成了一統天下的大業，他是中國第一個稱皇帝的君主，因而自稱「始皇帝」。為了鞏固政權，秦始皇實行了一系列政策，他統一貨幣和度量衡；文字統一使用秦國的小篆；花大量人力物力修築長城、馳道和直道；強迫六國貴族遷徙到咸陽，讓他們看護皇陵和宮殿。公元前 212 年，秦始皇想要建一所新宮殿作為秦朝的政治中心。他調集大量人力物力在渭水南岸的上林苑中修築新朝宮——阿房宮；史載阿房宮「東西五百步、南北五十丈」，能容納萬人。

阿房宮尚未建成秦朝就滅亡了。接下來的漢朝，在天下還沒有平定的時候就在阿房宮遺址西北約 6000 米處修建了未央宮。

木夯
兩人就能操作的夯築工具。

棚架
戰國時期就有了棚架，中國古代修建高大的建築一定會用到棚架。

夯石

124

秦始皇

嬴政是秦朝的創立者，第一個稱帝的人，中國歷史上第一個完成大一統的帝王，是位偉大的皇帝。

統一政策

秦始皇統一六國後，頒佈法令，要求全國統一文字、貨幣、道路和度量衡。

▲銅量

▲尺

▲銅權

司空和刑徒

司空是對秦朝管理刑徒的機構或官員的稱呼。刑徒是指被判決到工地服役的犯人。

築版和夯石

築版用來固定空間，放入土後再用杵夯實。夯石是夯實地面的工具，需要兩人合作使用。

▼夯石

▲築版

牛在古代是重要的勞動力，是受到保護的動物，私自殺牛會觸犯律法。

● 磚瓦上的藝術

新石器時代時，人們大多住在用泥土、茅草做屋頂的房子，後來人類才發明了磚和瓦。磚、瓦使建築更堅固，使用的時間更長。秦、漢兩朝是中國歷史上的強盛時期，磚、瓦成為這一時期的重要文化符號，代表着當時建築裝飾的輝煌成就，後來人們稱這個時期的磚、瓦藝術為「秦磚漢瓦」。秦國統一六國後，皇帝對建築的要求更加嚴格；工匠製磚時要刻畫上幾何、遊獵、宴客、龍紋、鳳紋等圖案，燒製的磚要「敲之有聲，斷之無孔」，後人稱秦磚為「鉛磚」。到了漢朝，磚、瓦上刻畫的內容更加豐富了，並擁有獨特的風格。瓦上作畫在漢朝達到了鼎盛時期，這時的瓦當非常精美，瓦當上的圖案及文字更加豐富，其中最有代表性的是金烏蟾蜍和四神瓦當。

雕刻磚瓦

工匠在晾曬好的磚、瓦坯上雕刻文字和吉祥圖案，等燒好後便是我們看到的畫像磚和瓦當了。

和泥

用水將泥土浸濕，再不停翻攪成泥。

踩泥

不停地踩踏，泥才會更黏稠。

磚窰

製好的磚、瓦坯要送到窰中燒製，燒到一定時間和溫度才能熄火出窰。

製磚坯

切割磚坯

瓦

磚坯

最早的瓦

據考古發現，陝西省延安市蘆山峁新石器時代遺址出土了大量板瓦、筒瓦，是迄今發現最早的瓦。

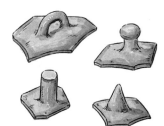

西周的瓦

商周時期的周原鳳雛甲組建築出土於陝西省寶雞市，建築中也大量使用了瓦，只不過瓦只用在了建築的屋脊、屋檐等容易被風化和腐蝕的重要部位。

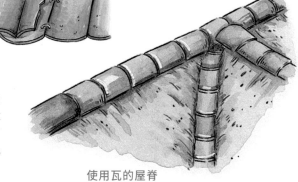

使用瓦的屋脊

四神瓦當

瓦當是屋檐前沿的圓形瓦，四神瓦當即雕刻有青龍、白虎、朱雀及玄武四種圖騰的瓦當。瓦當及磚亦有其他紋飾。

刻有青龍的瓦當

刻有白虎的瓦當

刻有朱雀的瓦當

刻有玄武的瓦當

刻有文字的瓦當

刻有動物的瓦當

刻有文字的秦磚

東漢畫像磚

漢代畫像磚上刻畫的是，賓客在筵席中欣賞伎人表演樂舞百戲的場景。

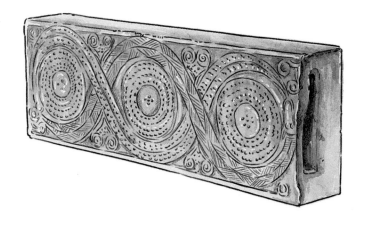

秦代龍紋空心磚

空心磚最早見於戰國時期，主要用來修建宮殿、官署和墓葬。秦代龍紋空心磚呈長方形，正面模印着兩條巨龍，中間空心，是用來鋪設宮殿的台階踏步。

● 高台上的詩歌

東漢末年，地方勢力興起，相互攻打，最終演變成魏、蜀、吳三國鼎立的局面。三國時期連年戰亂，各國君主修建的宮殿規模不如前朝。在這個混亂時期出現了很多政治家、軍事家、文學家，曹操就是其中的一位。曹操統一北方之後，在封地鄴城建了三座高台，分別稱為金鳳台、銅雀台及冰井台。

三座高台中，銅雀台最為知名，建於建安十五年，是曹操處理國家政事、宴請賓客的地方。曹操在這裏廣招天下賢士，聚集了大量名流學士，形成了以曹氏父子為中心的「鄴下文人集團」。建安七子等文人在此掀起了中國詩歌史的一個高潮，後世稱之為「建安文學」。

三曹

三曹指的是三國時期的曹操、曹丕、曹植父子三人。因他們在政治上的地位和文學上的成就對當時的文壇影響很大，是建安文學的代表，後人稱曹氏父子為「三曹」。

曹操

曹操字孟德，東漢末年的政治家、軍事家、文學家、書法家。他挾天子以令諸侯，四處征討，消滅了袁紹、呂布等勢力，降服了南匈奴、鮮卑等勢力，統一了中國北方，為曹魏立國奠定了基礎。

曹丕

魏文帝曹丕是曹操的次子，曹魏的開國皇帝，三國時期的政治家、文學家。

曹植

曹植是曹操的第三個兒子，三國時期的文學家，他的作品《洛神賦》被後人流傳，還被歷代畫家繪成長卷。

蔡文姬

三國時期才女，東漢大文學家蔡邕（粵：jung[1]，讀翁。普：yōng）的女兒。因匈奴入侵，蔡文姬被匈奴擄走，被迫嫁給匈奴人，並生育了孩子。曹操統一北方後，花重金將蔡文姬贖回，並將其嫁給董祀。蔡文姬擅長文學、音樂、書法，她的故事和樂府詩《胡笳十八拍》被後世廣為流傳。

孔融　　陳琳　　王粲　　徐幹　　阮瑀　　應瑒　　劉楨

建安七子

建安七子是漢獻帝建安年間七位著名的文學家，分別是孔融、陳琳、王粲、徐幹、阮瑀、應瑒和劉楨，他們是建安文學的重要代表。七子中，孔融因惹怒曹操而被其殺害，他兒時讓梨的故事被後世所熟知。

銅雀台

銅雀台是曹操處理國家政事、宴請賓客的地方，唐代詩人杜牧《赤壁懷古》中的詩句「銅雀春深鎖二喬」讓銅雀台揚名後世。

冰井台

相傳冰井台用於囤積糧食，冰井台有冰室，用來保存冰塊和美酒。

冰井台

角樓

角樓是塢堡中重要的防禦設施，既可以眺望四周，觀察敵情，又可以居高臨下發射箭簇。

家兵

主人

流寇

避難的平民

弓箭手

家兵

流寇

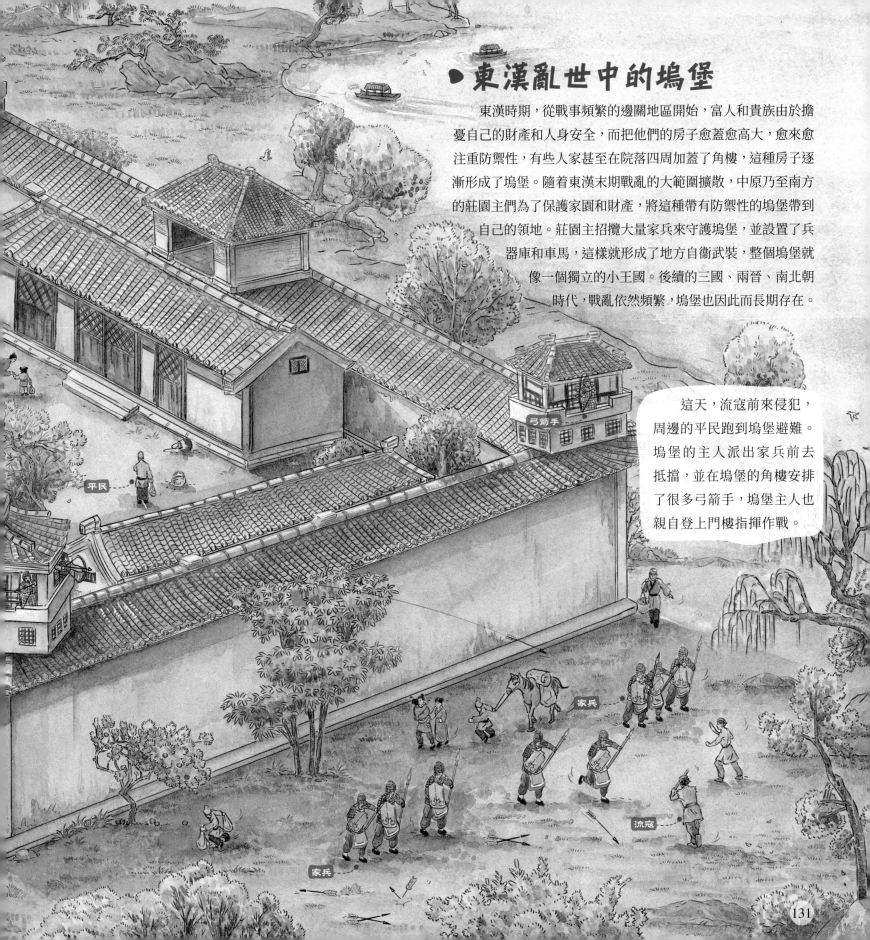

● 東漢亂世中的塢堡

東漢時期，從戰事頻繁的邊關地區開始，富人和貴族由於擔憂自己的財產和人身安全，而把他們的房子愈蓋愈高大，愈來愈注重防禦性，有些人家甚至在院落四周加蓋了角樓，這種房子逐漸形成了塢堡。隨着東漢末期戰亂的大範圍擴散，中原乃至南方的莊園主們為了保護家園和財產，將這種帶有防禦性的塢堡帶到自己的領地。莊園主招攬大量家兵來守護塢堡，並設置了兵器庫和車馬，這樣就形成了地方自衛武裝，整個塢堡就像一個獨立的小王國。後續的三國、兩晉、南北朝時代，戰亂依然頻繁，塢堡也因此而長期存在。

這天，流寇前來侵犯，周邊的平民跑到塢堡避難。塢堡的主人派出家兵前去抵擋，並在塢堡的角樓安排了很多弓箭手，塢堡主人也親自登上門樓指揮作戰。

弓箭手

平民

家兵

家兵

流寇

南朝四百八十寺

東晉晚期，西域的僧人陸續來到南方，佛教在南方迅速傳播開來。法顯是中國第一位到海外取經求法的高僧。他回中國後，來到東晉的都城建康，開始了傳播佛法和翻譯經書的事業。公元 420 年，東晉滅亡，劉裕建立了劉宋政權，之後在中國南方地區又出現了齊、梁、陳政權，這四個漢人政權史稱「南朝」。南朝的君主和官員大多信奉佛教，佛教在梁武帝時達到巔峯。那時大小佛寺遍佈京都，僧尼隨處可見。唐代詩人杜牧創作的絕句《江南春》中描寫了這種景象：「南朝四百八十寺，多少樓台煙雨中。」

法顯

東晉的著名高僧，公元 399 年，65 歲高齡的法顯踏上了海外求法之路，他一路歷經 30 多個國家，前後耗時 14 年之久。他是中國第一位到海外取經求法的高僧。

＊因目前史學界缺少南朝佛寺的足夠史料，難以復原歷史畫面，故本圖根據唐代詩人杜牧絕句《江南春》繪製。

南朝的寺院

南朝的君主和官員大多信奉佛教，大小佛寺遍佈京都，僧尼隨處可見。

▶ 唐代的外交和房屋

絲綢之路經過幾代王朝的開拓，在唐朝達到了鼎盛。公元618年，李淵建立唐朝，並消滅南北各地武裝勢力，統一了全國。唐朝是中國歷史上最強盛的時代之一，在世界上影響力非常大，周邊各國以及歐洲、非洲的一些國家爭相與唐朝交往，並通過絲綢之路來到唐朝，中外貿易來往更加頻繁。有些海外的商人在唐朝定居，有些外國人還在唐朝做了大官，購置了房產。

那麼，盛唐時期的房子是甚麼樣子呢？唐代庭院的中軸線上有大門、四角亭、前堂、後寢、假山和水池，兩側是廊房；院內有仕女、僕人和頑童。這種庭院只有財力雄厚的人家才能居住，是唐代富貴人家住宅的真實寫照。

來自西域的胡人

大唐盛世吸引了無數的西域商人，唐朝的街市中隨處可見來自西域的商人和駱駝隊。

唐代為官的外國人

米繼芬是西域米國人，他的父親在唐朝歷任輔國大將軍等職。米繼芬本人也任職於禁軍。

假山和水池

富貴人家將石塊堆積成假山，再配上水池，形成一道獨特的人造景觀。

唐代懸山頂房屋

屋檐延伸到山牆之外的屋頂被稱為懸山頂。懸山頂的房屋有利於防雨，一般多見於南方。

唐代歇山頂房屋

歇山頂是廡殿頂的下半部和懸山頂的上部的結合。後來這種屋頂形式被應用到宮殿中，也就有了等級，一般民宅不得使用。

＊參照出土文物和傳世繪畫作品繪製。

小姐

僕人

頑童

房頂

門樓

駝隊

煙囪

趙太丞家

帶斗拱的門樓

水井中打水

交椅

就醫

聊天

上馬石

閒路

行人

和尚

懸魚

136

● 清明上河圖

　　北宋時期，商品經濟非常發達，北宋都城及其他城市紛紛打破了「市」和「坊」的界線。沒有了市和坊的劃分，宋朝的街道也就熱鬧了起來。在北宋畫家張擇端所創作的風俗畫《清明上河圖》中可以看到，北宋都城汴京的商業十分繁榮，各種樣式的宋代建築呈現其中。在畫中一個臨街的院落，斗栱的門樓前擺放着上馬石，門的右側是這戶人家的商鋪，原來這是醫生趙太丞的家，我們一起來看一看宋朝的房子吧！

彩樓歡門
在店舖門前用竹子或木頭搭建的裝飾門樓，再掛上彩帛等裝飾物來吸引客人。

獨輪車

攤販

煙囪
廚房的屋頂常常裝有煙囪，用來排出生火產生的煙氣。

斗栱
中國建築中特有的結構，常見於建築的立柱頂與屋頂之間。弓形的承重結構叫拱，拱與拱之間墊的方形的木塊叫斗，斗與拱合稱斗栱。

懸魚
古代房頂的裝飾物，大多用木板雕刻成魚形，懸垂在房頂兩端。相傳懸魚的來歷與「懸魚太守」羊續拒收鯉魚賄賂，將魚懸掛在屋外的故事有關。

上馬石
古代人們主要依靠馬、驢等代步工具出行，門前的上馬石可以幫助人們上下馬。上馬石一般放在門前，為階梯形狀，上馬石的大小和雕刻的紋飾一般與主人地位相應，是身份的象徵。

交椅
又叫胡牀，漢朝時，由胡人傳入中原。交椅的最初樣貌就像雙腳交叉的馬扎，需要雙腳張開放平使用。隋朝時，人們忌諱說「胡」字，便將胡牀改名交牀。宋朝時，人們將交牀改稱交椅。

水井
在《清明上河圖》中，水井口裝有田字形的木架，這是為了防止打水的人掉落井中。

宋朝的廣告牌
《清明上河圖》中的商業廣告十分普遍，有廣告燈箱，也有廣告牌。在「趙太丞家」的醫館門前就立着一塊寫有宣傳語的廣告牌。

元代永樂宮的精湛工藝

公元 1206 年，成吉思汗建立大蒙古國，也就是元朝的前身。成吉思汗和其他大蒙古國的君主對宗教十分寬容，在這一時期，各種教派蓬勃發展。一位叫王重陽的道士和他的全真教更是備受成吉思汗的青睞。受到寵信的全真教到處建造宮觀，永樂宮便是由該教丘處機的弟子建造的，前前後後花費了一百多年的時間，幾乎經歷了從大蒙古國到元朝的全部歷史。

永樂宮是現存保存較好的元代建築，而比永樂宮建築更加著名的是殿堂中的壁畫。永樂宮壁畫的創作者傳說是一批優秀的民間畫師，其中有襄陵畫師朱好古、偃師畫師馬君祥等人；這群技藝超群的畫師創作的壁畫畫工精湛，內容豐富，人物面貌各不相同，是古代壁畫藝術中不可多得的珍品。

丘處機的弟子興建永樂宮

永樂宮牌匾

繪製永樂宮壁畫

龍虎殿

宮門

屋脊上的吻獸

吻獸又名鴟（粵：ci[1]，
讀次。普：chī）尾、鴟
吻、龍吻，是宮殿屋脊
上的裝飾性建築構件，
也是房屋的「辟邪物」。

三清殿前的石獅

三清殿

三清殿

純陽殿

重陽殿

▶ 仰望星空

古代中國，人們認為天圓地方，對天、地都十分崇敬。歷代皇帝認為自己是天子，是奉天命治國，也十分看重天象的變化。中國是世界上天文學起步最早的國家之一，原始社會人們就會觀察天象。堯帝時代設立了天文官，專門從事「觀象授時」。中國古代天文觀測儀器十分發達，天文學家設計和製造了許多種精巧的觀察、測量儀器，比如最古老的天文儀器土圭、西漢落下閎製造的渾天儀，東漢的張衡還創製了世界上第一架利用水作為動力的渾象儀……元朝的統治者認為天是至高無上的，對天文學非常看重。忽必烈登上皇位後就在上都設立了司天台，將首都遷到大都後又網羅人才設立太史院，後來又在全國各地建造觀星台。

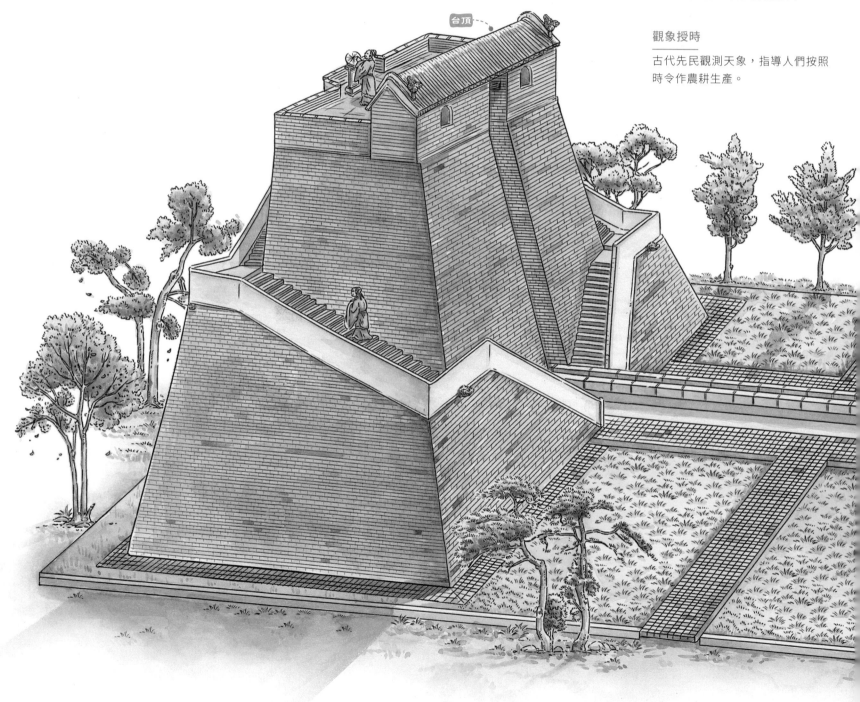

台頂

觀象授時

古代先民觀測天象，指導人們按照時令作農耕生產。

郭守敬

元朝最優秀的天文學家是郭守敬和王恂。他們共同完成了與現代曆法一年只相差 26 秒的《授時曆》，郭守敬先後創制和改進了簡儀、高表、仰儀等十多種天文儀器。

仰儀

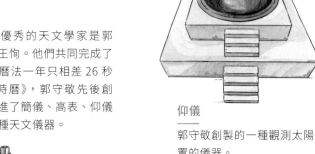

郭守敬創製的一種觀測太陽位置的儀器。

正方案

郭守敬創製的一種測定方向的儀器。

周公和土圭

相傳 3000 多年前，周公旦首創用於觀察日影的土圭。他通過測量土圭的影子長短來推算時間，測算時節。

觀星台測算時節

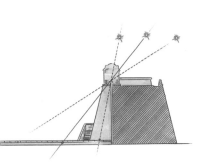

太陽將橫樑的影子投射在石圭「量天尺」的刻度上，古人根據影子的長短來測算時節，冬至這天的影子最長，夏至這天的影子最短。

日晷

又稱「日規」，中國古代利用日影測定時刻的計時器。「晷」（粵：gwai^2，讀鬼。普：guǐ）指太陽的影子。古人在圓形石盤上刻出時刻，中間立晷針，利用太陽投影長短的變化及方向的不同，以確定時刻。

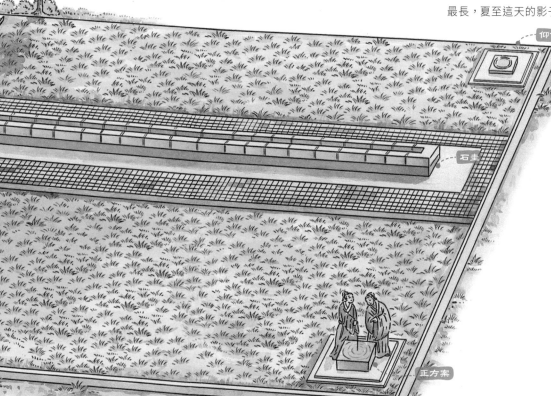

仰儀

石圭

登封觀星台

河南登封觀星台是中國現存最古老的觀星台，由郭守敬在 1279 年主持修建，已有 700 多年的歷史。這座古老的觀星台高約 10 米，建築下大上小，由石圭和高台組成。高台上設置橫樑，古人根據石圭上橫樑的投影長短變化，來推算春分、夏至及秋分、冬至等時節。

正方案

營建北京城

　　明朝的創始者朱元璋死後，他的孫子朱允炆登上皇位，史稱建文帝。朱允炆即位便開始削藩，燕王朱棣心生不滿，打着「清君側」的旗號起兵造反，開始了四年之久的奪位之戰，史稱「靖難之役」。後來朱棣取代了建文帝，成為永樂皇帝。當時的蒙古部落對中原地區的侵擾還沒有解除，把都城定在北京便於加強防衞，還可控制和管理東北和西北的疆域。因此，永樂皇帝經過深謀遠慮，決定遷都北京，並在元大都的基礎上營建北京城。

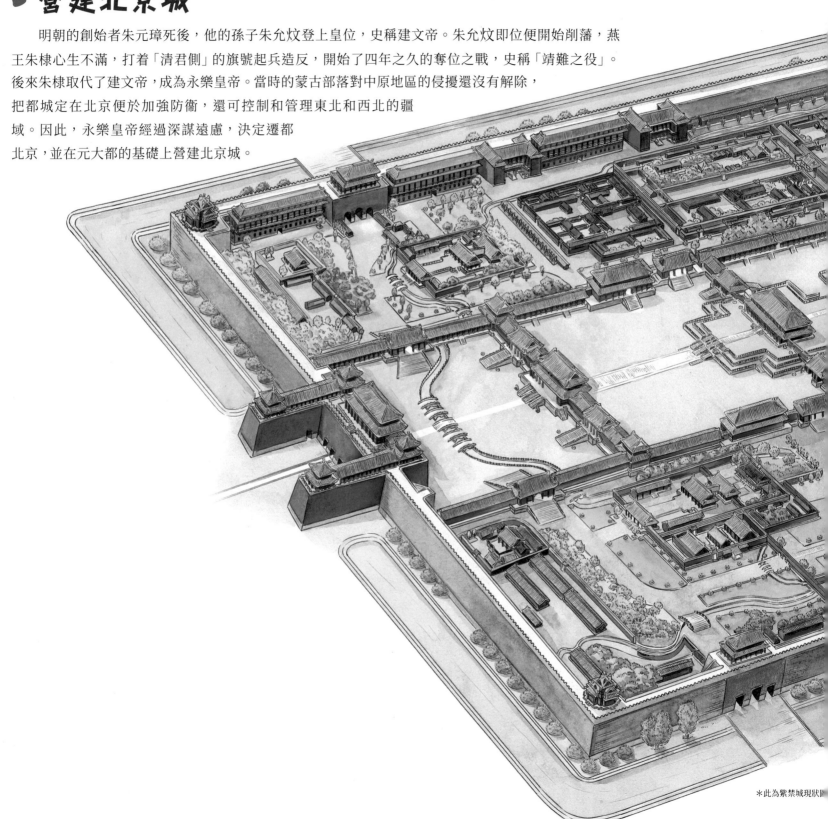

＊此為紫禁城現狀圖

142

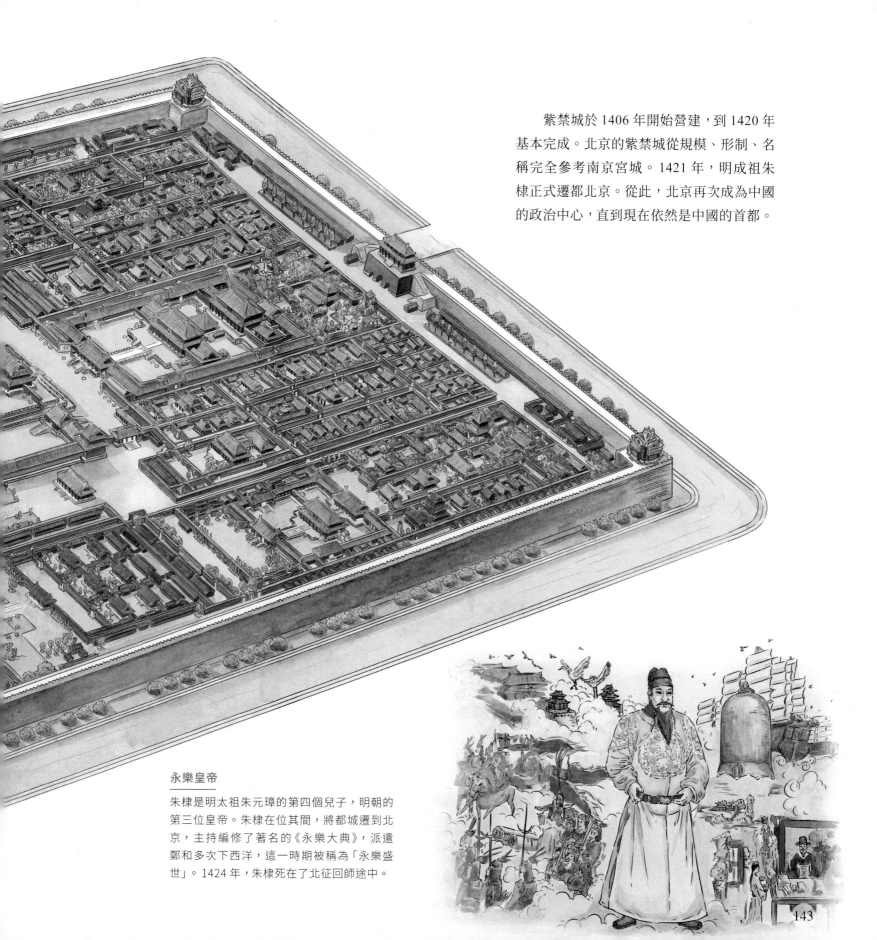

紫禁城於 1406 年開始營建，到 1420 年
基本完成。北京的紫禁城從規模、形制、名
稱完全參考南京宮城。 1421 年，明成祖朱
棣正式遷都北京。從此，北京再次成為中國
的政治中心，直到現在依然是中國的首都。

永樂皇帝

朱棣是明太祖朱元璋的第四個兒子，明朝的
第三位皇帝。朱棣在位其間，將都城遷到北
京，主持編修了著名的《永樂大典》，派遣
鄭和多次下西洋，這一時期被稱為「永樂盛
世」。 1424 年，朱棣死在了北征回師途中。

●堅固的城堡

　　明朝末年，朝野官員腐敗，黨爭不斷。連年的災荒和不斷加重的賦稅讓農民艱苦的生活雪上加霜，各地紛紛舉起了起義大旗。關內農民起義軍日益壯大，關外清軍虎視眈眈，不斷派兵侵擾關內居民，致使天下大亂。最初的起義軍紀律性差，為所欲為，這讓受戰火牽連的老百姓苦不堪言。

腹背受敵的崇禎

此時的明朝內憂外患，內有起義軍，外有清軍虎視眈眈，整個帝國搖搖欲墜。1644 年春，李自成率大軍攻入北京，崇禎在煤山自盡，明朝滅亡。

明末農民起義軍

明末，王二、高迎祥、李自成、張獻忠等多路農民起義軍反抗明朝，最終推翻了明朝的統治。

垛口

城牆上凹凸形的部位，用於瞭望和射擊。

河山樓

建於明崇禎年間，是建築群中最高的建築。

　　位於晉城中道莊的陳氏家族怕被戰火波及，修建了一座堅固的閣樓，抵擋了起義軍的數次圍攻。後來起義軍的勢力不斷壯大，陳氏家族擔心一座高樓只能阻擋一時，而且樓內的空間有限，最多容納千餘人，因此想到一個萬全之策——修建一座「城堡」。經過八個多月的修築，終於建成了能夠抵禦起義軍的高大「城堡」，並起名為「斗築居」。

山海關外的清軍

1644 年，吳三桂向山海關外的清軍投降，並打開山海關門，迎接清軍。五月，清軍進入北京城。九月，清順治皇帝從瀋陽盛京遷到北京，定都北京。

陳廷敬

到了清朝，陳氏家族出了一位高官——陳廷敬。他是康熙帝的老師，歷任《康熙字典》總裁官、工部尚書、戶部尚書、文淵閣大學士、吏部尚書等職。陳廷敬後來在斗築居外擴建府邸，建築群被分為內城和外城。外城直到康熙四十二年才完工。

《康熙字典》

由張玉書、陳廷敬等 30 多位著名學者在明朝《字彙》、《正字通》的基礎上編撰的一部大型漢字工具書。這是中國第一部以《字典》命名的工具書，因是康熙年間皇帝欽定編撰的書籍，所以又名《康熙字典》。

「三希堂」原名「溫室」，是乾隆皇帝讀書寫字的書房，乾隆十一年才改名為三希堂。三希堂位於養心殿西暖閣，由兩間小閣組成，每間小閣只有四平方米。

養心門

●皇帝的書房

清朝是中國歷史上最後一個封建王朝，由少數民族滿族建立。公元 1644 年，李自成領導的農民起義軍攻佔北京，明朝被推翻。同年，清軍打敗李自成，只有六歲的順治皇帝從盛京入主北京，成為紫禁城的新主人。清朝從清太祖努爾哈赤至宣統皇帝溥儀一共有 12 位皇帝，其中乾隆是歷史上最長壽的皇帝。乾隆皇帝在位期間，清朝的文化、經濟、手工業達到了鼎盛，歷史上稱為「康乾盛世」。而就是這麼一位偉大的皇帝，他的書房面積竟不足 10 平方米。

三希堂收藏着上百件國寶級的書法作品，其中包括晉朝大書法家王羲之的《快雪時晴帖》、王獻之的《中秋帖》和王珣的《伯遠帖》，這三件稀世珍品就是「三希堂」名字的來源。

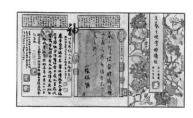

《快雪時晴帖》

《中秋帖》

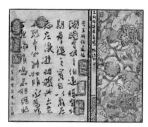

《伯遠帖》

紫禁城裏如何取暖？

到了寒冷的冬天，紫禁城裏有很多取暖方式，有拿在手中的暖爐，也有燃燒木炭取暖的火盆，但取暖效果最好的還要屬地暖。

紫禁城的地暖

紫禁城的地暖又叫「地火」或「地龍」。明代建造宮殿時，在室內地面下用磚石砌出煙道。到了冬天，太監在工作坑向爐膛內添煤，煤燃燒產生的熱量順着煙道循環，地暖上方的屋內便暖和起來了。

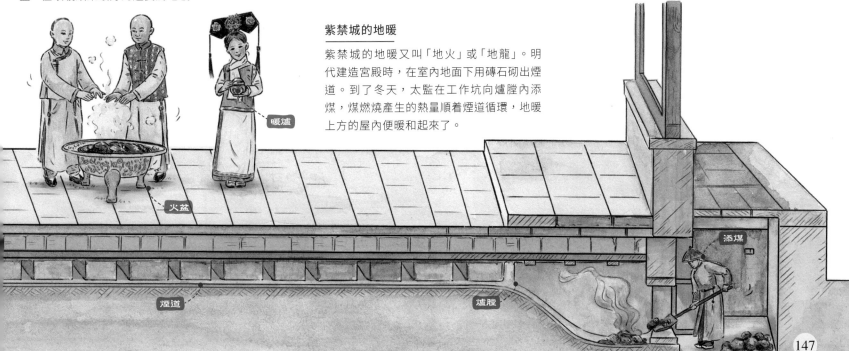

暖爐

火盆

添煤

煙道

爐膛

● 太和殿上的瑞獸

　　故宮是明清兩代的皇家宮殿，也被稱為「紫禁城」，是明清皇帝居住和處理朝政的地方。當我們參觀故宮時會發現在宮殿的屋脊上排列着一些「小動物」和「怪獸」。特別是太和殿，屋頂上竟然有 10 種造型奇特的動物。那麼，你知道它們的來歷嗎？

在太和殿的檐角上安放着 10 隻走獸，是古建築中走獸最多的建築。分別是龍、鳳、獅子、海馬、天馬、押魚、狻猊、獬豸、斗牛、行什。

太和殿上的龍吻

明清的宮殿由龍吻作為裝飾，太和殿正脊兩端的龍吻是中國現存古建築中最大的一對龍吻（高 340 厘米，寬 268 厘米）。傳說當有打雷着火時，龍吻便會噴水滅火。

340 厘米

268 厘米

* 狻（粵：syun¹，讀宣。普：suān）
* 猊（粵：ngai⁴，讀危。普：ní）
* 獬（粵：haai⁵，讀蟹。普：xiè）
* 豸（粵：zi⁶，讀稚。普：zhì）

垂獸
又叫角獸，是位於垂脊上的裝飾構件。

套獸
古代宮殿建築的脊獸之一，一般安放在角樑頂端。

騎鳳仙人
安放在宮殿檐角垂脊上的裝飾構件。

龍
傳說中的神異動物。

鳳
傳說中的神鳥，是百鳥之王。

獅子
獅子是百獸之王，象徵勇猛威嚴。

海馬
象徵忠勇、吉祥的神獸。

天馬
日行千里，是象徵吉祥的神獸。

押魚
傳說中的海中異獸。

狻猊
與獅子同類的猛獸。

獬豸
象徵公正無私的神獸。

斗牛
傳說中的一種虯龍。

行什
長有翅膀的猴子，頗像傳說中的雷震子。

太和殿

149

開國大典

1949 年 10 月 1 日，中華人民共和國開國大典在天安門廣場舉行。天安門還被設計入國徽中，成為中華人民共和國的象徵。

蒯祥

蒯（粵：gwaai[2]，讀拐。普：kuǎi）祥是明代著名建築匠師，江蘇吳縣人，最初是香山木工，後因技藝高超，出任工部侍郎，相傳蒯祥是天安門的設計者。

天安門前的石獅

金水橋的前後立着兩對石獅子，它們建於明永樂十八年，高 2.2 米，橋的東側為雄獅，西側為雌獅。

華表

華表是指裝飾在古代宮殿、陵墓等建築物前的大石柱。天安門前的華表建於明永樂十八年，材質為漢白玉。華表上雕刻着象徵天子的龍紋，在頂端蹲着一隻望天吼。天安門城樓前後的望天吼各有分工，朝南的望天吼又叫「望君歸」，它時刻提醒在外巡遊的皇帝早日回朝料理朝政。朝北的望天吼叫「望君出」，它時刻提醒皇帝要出宮體察民情。

侍衛

學子

大臣

皇城的南大門

　　天安門是中國的國家象徵，北京皇城的正門，坐落在首都北京的中心。
天安門是北京中軸線上皇城的南門，建於永樂年間，最初名為「承天門」，明
末毀於戰火。清朝的順治皇帝在原址重建。1949 年在這裏舉辦了開國大典，
天安門已經成為國家象徵。

天安門的功能

明清時舉行皇帝登基、立后等重大慶
典時，均會在天安門城樓降詔。新科進
士在天安門前恭候，等待召喚去觀見皇
帝，這種依次唱名傳臚，進殿觀見皇帝
的活動被稱為「金殿傳臚」。

唱名的大臣

遛鳥

賣糖葫蘆

貓

澆花

一進院
只有一個院子。

小狗

賣金魚

四合院裏的規矩多

四合院，又叫四合房，是指古人在庭院四周建造房屋，將庭院圍在中間的院落。早在商周時期就有了四合院，考古工作者在陝西周原發現了西周時期的四合院建築遺址。北京的四合院自元朝規劃建都時興起，到清代發展到了最高峯。這個時期的四合院有「口」字形的一進院落、「日」字形的二進院落、「目」字形的三進院落，以及四進、五進院落。每個四合院都有一條中軸線，正房在中軸線的中心，是長輩居住的地方；哥哥住在東廂，弟弟住在西廂，傭人住在倒座房；家中的女子住在院子最深處的後罩房。四合院裏的這種尊卑長幼的區分，正體現了古代儒家思想中的「禮」。

小販

剃頭

放鞭炮

收售舊衣服的估衣

三進院
有三個院子。

牆垣式大門

金柱大門

蠻子門

門當戶對

北京四合院十分講究，門就是其中之一。清朝人講究「門當戶對」，四合院的大門象徵着主人的身份和地位，因此大門也分成了很多等級；王公貴族和大臣們多用王府大門、廣亮大門和金柱大門，蠻子門和如意門多被商人富戶使用，普通百姓大多使用牆垣式大門。

二進院
有兩個院子。

廣亮大門

王府大門

 意 如

門簪（也稱戶對）

門簪子是四合院大門上的構件，有的門簪會雕刻花卉或是吉祥的文字。門簪有方形、菱形、六角形、八角形等形狀，其數量多寡體現等級高低。

鋪首和門鈸

鋪首和門鈸都是大門上的飾物，兩者的基本功能是方便拉門和扣門。等級高的大門上多用鋪首，上面多雕有傳說中的椒圖。

如意門

抱鼓形門墩

箱形門墩

獅子門墩

門墩（也稱門當）

門墩是四合院門前常見的石部件，上面常雕刻着獅子、鹿、壽桃、蝙蝠等寓意吉祥的圖案。北京四合院的大門中常見的有抱鼓形、箱形、獅子門墩，門墩的使用也有很多講究，武官使用抱鼓形門墩，文官使用箱形門墩，高級官員才能使用獅子門墩。

153

中國三大九龍壁

當我們走進四合院時，第一眼看到的是一面裝飾精美的「牆」，這就是院落中必不可少的影壁。影壁也稱照壁，古稱蕭牆，它的主要作用是遮擋行人的視線。即使大門敞開着，行人從門外也看不到院內的情況。影壁還可以增強宅院的氣勢，並與房屋、院落建築相輔相成，形成一個整體。影壁的類型和裝飾風格多種多樣，最著名的要屬九龍壁；具有代表性的九龍壁一共有三座，分別是故宮九龍壁、大同九龍壁和北海九龍壁，這三座九龍壁被稱為中國「三大九龍壁」。

影壁的作用

影壁的主要作是為了遮擋過往行人的視線。行人從門前路過，只能看到影壁，並不能看到院內情況。

院內一字影壁

門前八字影壁

九龍壁

故宮九龍壁位於紫禁城寧壽宮區皇極門外。壁長 29.4 米，高 3.5 米，厚 0.45 米，是一座琉璃材質的影壁，為乾隆三十七年改建寧壽宮時燒造。

刻有獅子圖案的石質鐵影壁

一般影壁上都會雕刻圖案和文字，皇宮一般用龍紋，民間則用寓意吉祥的圖案和文字，比如福字、寓意「好事」的獅子圖案等。

九龍壁為甚麼是九龍？

在古代「九」是個位數中最大的數字。九和五在數字中是皇帝的象徵。在皇室建築、生活器具等方面常常會用九條龍來裝飾。九龍壁是皇帝家的影壁，用九條龍才能體現皇帝的尊貴和至高無上。

九龍壁上的龍是甚麼做的？

九龍壁上的龍是用琉璃燒製而成的。琉璃是用很多礦物質做釉的陶製品。明清皇家宮殿、宗教廟宇的屋頂等部位也常用琉璃製品作為建築材料。

以假亂真的木頭

故宮九龍壁從左邊數第三條白色琉璃龍，它的腹部是由一塊木頭製成的。相傳當年建造九龍壁時，工匠不慎燒壞了這塊構件。為了按期完工，聰明的工匠雕刻了一塊木頭龍腹，裝到九龍壁上，再刷上白色的油漆。九龍壁中混有木頭的秘密一直到民國時期才被發現。

● 古代的「銀行」

清代康熙、雍正、乾隆時期被稱為康乾盛世，是中國古代封建王朝的最後一個盛世。這一時期的商業非常繁榮，並產生了「票號」。票號又叫票莊、匯兌莊，相當於現代的連鎖銀行。當時的票號多由山西商人開設，所以又叫「山西票號」。各地的

貿易往來頻繁，商人天南地北採購商品，攜帶大量白銀非常不方便，而票號的匯兌、借貸業務解決了這個問題。票號在全國各地設立分號，有實力的票號甚至將分號設到了國外。

日昇昌記牌匾

「日昇昌」是中國出現最早的票號。

算盤

算盤是票號的計算工具，人們常用「鐵算盤」指精明的商人。

喬家大德通票號銀票

相當於今天銀行的存單。

喬致庸

生於嘉慶年間，是喬氏一門中最長壽的人，享年 89 歲。因他做事豁達，樂善好施，人們稱他為「亮財主」。

票號

當時的票號就像今天的連鎖銀行，商人可以在本地或異地存款、取款，非常方便。

清朝末年，山西的喬致庸是位非常出色的商人，在他的經營下，喬氏家族在中國各地的票號、錢莊、當舖及糧店多達百家。喬氏家族除經商之外，在民居建築上也有很大成就。晚年的喬致庸在家院附近購置地產，從同治初年開始大興土木，修建了規模龐大的宅院——著名的「喬家大院」，至今保存完好。

「天王送子」木雕

木頭雕刻的「會芳」荷葉匾額

九龍燈

九龍燈是喬家遺留的珍寶，燈高約一米，硬木材質，燈體黑紅色。燈的框架上雕刻着九條雲龍，故而叫九龍燈。

犀牛望月鏡

由鏡面、鏡框、鏡托、犀牛及底座五部分組成，一頭栩栩如生的犀牛臥在底座，回頭望向鏡面，彷彿望月，故起名犀牛望月鏡。

在喬家大院，處處可見各種帶有雕刻的建築構件，有木雕、石雕及磚雕等。雕刻內容大多是寓意吉祥的紋飾。

● 變化中的房子

1911 年 10 月 10 日，武昌起義爆發，各省紛紛響應，清朝很快便被推翻。1912 年，孫中山在南京就任臨時大總統，結束了中國兩千多年的封建帝制，建立了中華民國。1927 年 4 月 18 日，蔣介石在南京成立國民政府，將南京定為首都，南京再次成為中國的政治、文化中心。

民國金陵大學

建築既融合了西洋建築風格，又保留了中國傳統的建築特色。

首都計劃

1927 年，國民政府定都南京，制定發佈了「首都」規劃建設計劃。

南京總統府

南京民國建築的主要代表之一，1912 年 1 月 1 日，孫中山在兩江總督衙署舊址宣誓就任中華民國臨時大總統。1927 年 4 月，南京國民政府成立，此處便成為國民政府的主要辦公地。1948 年，國民政府在門樓上換上了「總統府」三個字。

清兩江總督署的西轅門

民國中央體育場

民國時期中國最大的體育場,由著名建築學
家楊廷寶等人設計。

民國陵園郵局

建於 1934 年,建築頂部採用重檐攢尖頂,共有
八個檐角,因此又被稱為「八角亭」。

當時國民政府的各個部門、學府、外交機構
和各大銀行都需要大量房屋,在這種需求下,國
民政府大興土木,風風火火地規劃和建設南京。
當時有一部分人照搬國外的建築風格,使西洋風
格的建築流行起來。後來一批從國外回來的中
國建築師打破了這種局面,不再一味仿造西洋建
築,而是將中國傳統建築與西洋建築相互融合,
形成了民國時期獨特的建築風格。

民國小紅山別墅

又稱「國民政府主席官邸」,因宋美齡常來此度
假,又被稱為「美齡宮」。美齡宮的建築古色古
香,從空中俯瞰被法國梧桐包圍的建築,就像
是顆藍寶石掛墜。

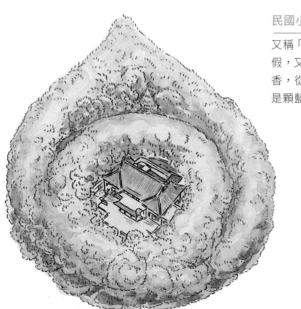

● 小橋流水人家

人們常常用「上有天堂，下有蘇杭」來形容蘇杭的富庶和秀麗。蘇杭除了風景優美，房子也很特別。這裏的人們沿着河岸修蓋房子，生活在水網交織成的小鎮。蘇杭一帶有很多河流和湖泊，河與河之間互相連接，織成一張河流交通網。人們在

河道中央架起石橋，沿着河道建起一座座小樓，並預留出一個個小小的碼頭，方便人們洗滌衣物、乘船或是從來往的船隻上購物。俯瞰江南小鎮周莊，只見河道互相連接，小橋橫跨河流，江南小樓林立在河道兩旁，繪成「小橋流水人家」的美景。

美麗的周莊古鎮

密佈的河道、沿河建起的小樓、橫跨河道的小橋和來來往往的小船，繪成了一幅美麗的江南水鄉畫卷。

行人

小販

橋

想要乘船的客

橋

碼頭

賣貨的小船人

小船沿着河道售賣貨物

船是江南重要的交通工具之一。

雙橋

雙橋由一座石拱橋和一座石樑橋組成。從遠處看，雙橋的橋洞和橋面很像古人使用的鑰匙，所以雙橋又叫「鑰匙橋」。

富安橋

始建於元代，相傳為沈萬三的弟弟沈萬四出資修建。

魚鷹捕魚

魚鷹又名鸕（粵：lou⁴，讀盧。普：lú）鶿（粵：ci⁴，讀池。普：cí），是一種善於潛水捕魚的鳥類。在中國南方，很多漁民馴養魚鷹，利用牠們幫自己捕魚。

俯瞰周莊

江南小樓林立河道兩旁

●不一樣的房子

中國是一個大家庭，有 56 個民族。各個民族的人們世代生活在中華大地上，分佈在不同的地區。由於各民族的文化、風俗習慣、自然條件和地理環境不同，因此居住的房子佈局、結構和造型也就不同。例如，一部分蒙古族的牧民住在蒙古包裏；傣族人住在特別的竹樓上；一部分客家人住在龐大的土樓裏……這些不同造型的房子，呈現出不同民族的生活習慣和各具特色的建築風格，我們一起來看看吧！

傣族竹樓

竹樓是用竹子和木頭建造而成的杆欄式房屋。西雙版納屬於熱帶季風氣候，降雨量大，因此人們用數十根木柱將房屋架離地面，防止潮濕對人體的侵害。

藏族碉房

碉房是用木構架承重、土石做牆的樓房建築。最底層一般用來圈養牛馬，人們通常住在樓上。

徽州民居

徽州民居大多依山傍水而建，豐富多變的屋面和山牆、灰瓦白牆的色彩是徽州建築的特色之一。

蒙古包

蒙古族被稱為「馬背上的民族」，他們過着「天蒼蒼，野茫茫，風吹草低見牛羊」的遊牧生活。除了牛羊，伴隨他們遊走在草原上的還有蒙古包。蒙古包，又叫氈包，是一種方便拆卸和攜帶，用羊毛氈子等材料搭建的房子，被以蒙古族為代表的草原諸遊牧民族普遍使用。

牧馬

牧民正在搭建蒙古包

製作馬奶酒

勒勒車

蒙古族傳統的運輸工具。

狗

奶牛

奶牛

羊

拉馬頭琴的牧民

窰洞

人們利用土崖挖出橫向洞穴修建的房屋。窰洞頂一般為拱形，窰口常用土坯或磚砌成。窰洞結構簡單，冬暖夏涼，是中國黃土高原的特色民居建築。

一顆印民居

「一顆印」屬於三合院式民居，由正房和廂房組成，整棟房子看上去就像一塊方正的印章。這種房屋多見於雲南、安徽等地。

開平碉樓

開平是著名的華僑之鄉。清末時，人們漂洋過海，到異國謀生。當積累了一定財富後，人們紛紛回鄉建造房屋。這種吸取了西方建築特色，具防禦性的碉堡式樓房開始大量出現。

客家土樓

土樓是使用木構架承重、泥土做牆的多層建築，屬於聚居式建築。土樓形式多種多樣，有圓樓、方樓及五鳳樓等類型。

承啟樓

163

行

● 走出來的路

　　世界上本來沒有路，是我們的祖先不怕困難，披荊（粵：ging¹，讀經。普：jīng）斬棘（粵：gik¹，讀激。普：jí），開闢出一條條道路。在遠古時代，當人們去採集野果、捕獵或去河邊取水時，會清除阻擋他們前行的障礙物，清理出一條行走的通道，當人們經常在上面行走時，也就形成住處與野外之間的交通線，這就是最早的路。

　　在遠古時代，人類還沒有發明汽車、輪船、飛機之類的交通工具，不論是外出打獵還是出遠門，只能依靠自己的雙腳。每當採摘、捕獵歸來時，搬運食物也只能用肩膀扛着，用手提着或是多人合作用木棍抬着。不過這種情況很快就結束了，因為有人造出了「舟」和「車」。

披荊斬棘

過河

● 最初的船

從遠古時代起，人類為了繁衍生息往往都會在水源充足的地方生活。水為人類提供了生存的保障，但也給人類帶來很多麻煩。原始人類大多都不會游泳，也沒有船等水上交通工具，他們經常會在過河、捕撈魚蝦或者洪水來襲時溺水，這樣一來，河流和湖泊就限制了人類活動的區域。後來，人們發現枯樹、竹竿等物體能漂浮在水面，這才想到了利用枯木等漂浮物過河。

救命！救命呀！

被河流沖走

落水的人

被救上岸

用植物藤蔓救人

在沒有發明水上交通工具時，
人們總是為如何過河而煩惱！

鱷魚

人們雖然學會了利用枯木過河，但河裏
還是會有各種危險，比如鱷魚！

剖木為舟

剖的意思是剖開、挖空，
剖木為舟就是鑿空樹幹，
做成簡單的原始獨木舟。

人們從抱着枯木過河，想到了製作獨木舟。

又過了很多年，聰明的祖先利用整根木頭製作出能夠在水裏行駛的獨木舟。有了獨木舟，人們不但可以在河流、湖泊中採集食物，還可以跨過大河，到更遠的地方。

獨木舟是人類最早的交通工具之一，中國古代典籍中有很多關於舟船起源的傳說。相傳，黃帝「刳（粵：fu¹，讀夫。普：kū）木為舟，剡（粵：jim⁵，讀染。普：yǎn）木為楫（粵：zip³，讀接。普：jí）」；也有傳說是黃帝的兩位大臣「共鼓、貨狄作舟」。而在考古中，蕭山跨湖橋出土了 8000 年前的獨木舟，浙江河姆渡也發現了很多用於划船的木槳。這些出土的文物證實早在 8000 多年前，我們的祖先已經學會製作獨木舟和木槳，並利用獨木舟過河並採集食物。

獨木舟

剡木為楫

楫，也就是槳，剡是削的意思，剡木為楫的意思是將木頭削製成划船的木槳。

製作木槳

蓮蓬

採集食物

169

車從哪裏來?

車在古代是最重要的交通工具,因為發明了車,人類才解放了雙腳,有了代步工具和搬運工具。那你知道車是誰造的嗎?最早出現的是甚麼車?

相傳,最早造車的是黃帝,除此之外還有「乘杜作乘馬」和「奚仲作車」兩種說法,也就是說,黃帝、乘杜和奚仲都可能是車的發明人。雖然車的發明人很難確定,但能夠確定的是車的發明與「橇(粵:hiu¹,讀澆。普:qiāo)」有關。當人們需要遷徙到另一個地方時,要搬運大量物品,遷徙的路程遙遠,東西又多又重,這成了一大難題。

後來人們想到一個好辦法,那就是利用中空的枯木來運載東西,後來又將幾根木頭捆綁成一排,然後在木排底下墊上原木,用滾動原木來替代拉動枯木,這讓人們拉起來更省力氣。後來原木演變成車輪,「橇」也慢慢演變成了「車」。

水果

陶器

獵物

原木

中國古代最早出現的車是馬車和牛車，早在新石器時代，我們的祖先就已經開始飼養馬和牛。大禹治水的時候有了「陸行乘車」的說法。相傳奚仲發明了馬車，還被夏王封為掌管車馬的車正；同時期的乘杜也發明了馬車。夏朝時，馬車開始被應用到軍事中。有文獻記載，大禹的兒子啟，曾率領馬車軍隊討伐反對他繼承王位的有扈（粵：wu⁶，讀芋。普：hù）氏。

牛車最早出現在夏朝。相傳，商族人王亥是最早發明和駕駛牛車的人。

傳說，黃帝、乘杜和奚仲是車的發明人。

新石器時代，我們的祖先就已經馴服了馬和牛。

夏朝的商族人王亥，常趕着牛車，拉着大量貨物去遠方買賣。

在夏朝，馬車開始被用到戰爭中。

服牛乘馬的王朝

商朝是中國歷史上的第二個奴隸制王朝，在商朝，系統的文字已經形成，出現了大量青銅器物，車的種類變得更多，商朝人甚至還騎着大象去打仗。商朝的疆域也比夏朝要大很多，為了管理這些地方，商朝人修了多條通往全國各地的交通要道。同時重視道路的管理和維護，為此還制定了關於禁止在路上倒灰的刑律。刑律規定，任何人不得把垃圾丟在大道上，如果違反了就會受到嚴厲的處罰。

馬車和牛車是商朝的主要交通工具。牛車大部分用於運輸貨物，商族人王亥發明了牛車，他也是歷史上第一位駕着牛車經商的人。

馬車是一種高級的交通工具，只有身份高貴的人才能乘坐，主要用於載人，打仗時還可以作為戰車使用。除了牛車和馬車，商朝人還馴服了大象，利用大象出行和打仗。

王亥服牛

精明的王亥利用溫順而且力氣又大的黃牛拉車，載着貨物到遠方去買賣。善做買賣的商族人給人們留下了深刻印象，後來人們把會做買賣的人稱為商人，這就是「商人」一詞的由來。

商品

單轅車

轅是車前駕牲畜的曲木或直木。單轅車就是由一根木頭駕兩頭或多頭牲畜的車。

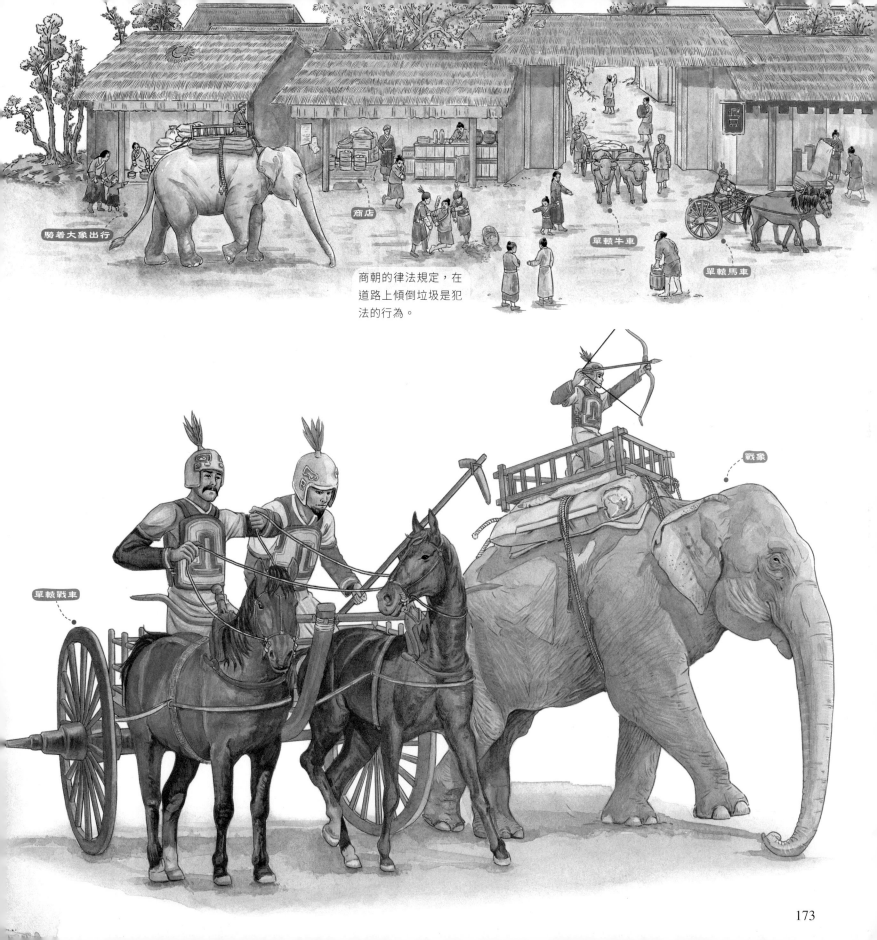

騎着大象出行

商店

單轅牛車

單轅馬車

商朝的律法規定，在道路上傾倒垃圾是犯法的行為。

戰象

單轅戰車

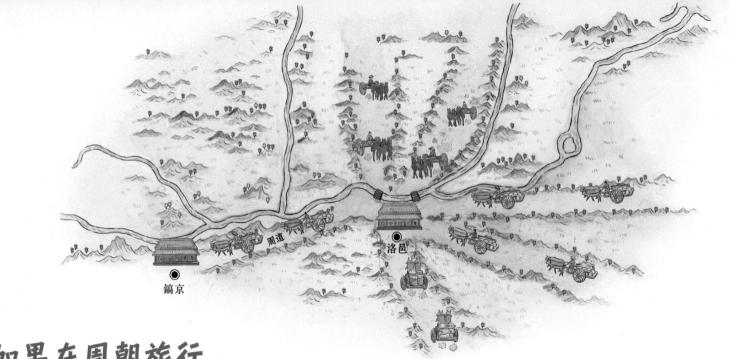

●如果在周朝旅行

商朝的紂王是個昏庸無道的君主，他做的一系列荒唐事惹怒了很多人。周人趁紂王的軍隊攻打東夷時，發兵滅了商朝。滅商後的周武王建立了周朝，並在豐京的附近建設了鎬（粵：hou⁶，讀浩。普：hào）京，兩城並稱「豐鎬」。沒過多久，周武王病死，他年幼的兒子姬誦即位，也就是周成王。周朝為了控制東方的大片疆土，在洛邑修建了兩座城池，又在鎬京與洛邑之間修了一條寬闊平坦的大道，人們稱之為「周道」。周道對周朝非常重要，全國的貢品、物資都要通過周道運到鎬京，可以說是周朝的命脈。後來周王室為了方便各地運送貢品，又以洛邑為中心，向東、南、北各修了一些道路。等這些道路修完後，周朝的交通路線就像一把勺子，勺柄握在周王室的手中，隨時來「舀取」人們的勞動果實。

周朝人修路，一定會在兩旁植樹。植樹的好處有很多，不但能為旅人提供樹陰，還可以標記里程和指路。周朝還設立了一種叫野廬氏的職位，職責是保證道路暢通，接待和保護過往的賓客。周朝人長途旅行時也不用擔心吃住問題，因為周道沿途設有為旅客提供服務的「服務站」。為旅客服務的地方叫「廬」、「宿」和「市」。每隔 10 里就有廬，廬可以為旅客提供食物；每隔 30 里就有宿，宿可以為旅客提供用於休息的「路室」；每隔 50 里就有市，市可以為旅人提供更多的服務和商品。

●駟馬難追

你一定聽過「一言既出，駟馬難追」的成語，意思是一句話說出了口，即使四匹馬拉的車也難追上。常常用來表示說話算數。那你知道用四匹馬拉的車嗎？

早在西周時就有了用四匹馬拉的車，這種車稱為「駟（粵：si³，讀試。普：sì）」。西周時期的交通工具種類要比商朝多，製作更加精細，功能也更加完備。周朝人為了使車跑得更快，從二馬拉車發展出了三馬拉車，繼而又想到了用四匹馬拉車。四匹馬的力量大得驚人，馬車的行駛速度也快了許多。在古代，駕馭馬車是個講求技術的工作，想讓四匹馬兒乖乖拉車更不是一件容易的事情。

駕駛馬車的技能被稱為「御（馭）」，孔子傳授學生的「六藝」中，「御」就是其中之一。如果要做一名合格的馬車「司機」，不但要會駕駛「馭」，還要保證安全駕駛，會修理馬車，會馴養馬，這些技術可比駕駛如今的汽車還要難。

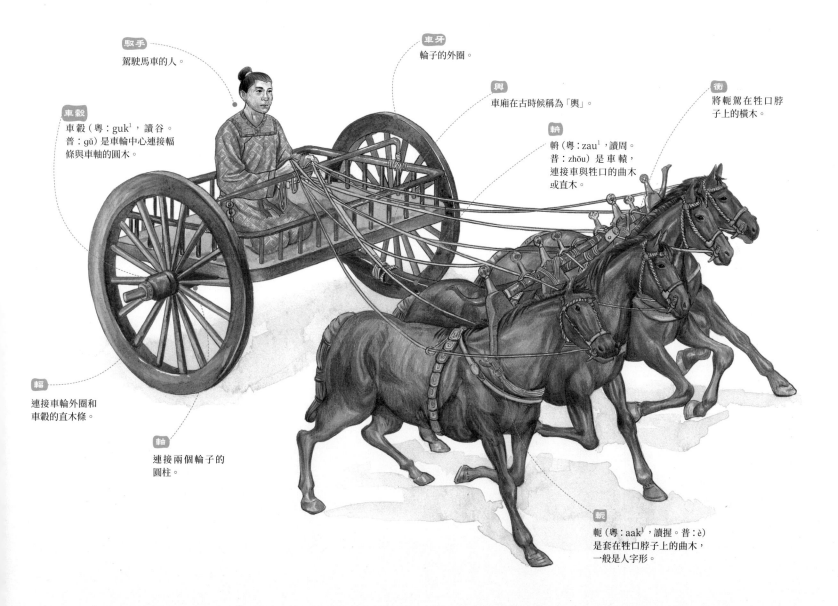

馭手
駕駛馬車的人。

車轂
車轂（粵：guk¹，讀谷。普：gǔ）是車輪中心連接輻條與車軸的圓木。

輻
連接車輪外圈和車轂的直木條。

軸
連接兩個輪子的圓柱。

車牙
輪子的外圈。

輿
車廂在古時候稱為「輿」。

輈
輈（粵：zau¹，讀周。普：zhōu）是車轅，連接車與牲口的曲木或直木。

衡
將軛駕在牲口脖子上的橫木。

軛
軛（粵：aak¹，讀握。普：è）是套在牲口脖子上的曲木，一般是人字形。

了不起的水運

西周的周幽王是個昏庸的君主，他為了博取妃子褒姒一笑，竟點燃烽火，戲弄前來救援的諸侯。昏庸的周幽王最後被申侯和犬戎所殺，西周至此落下帷幕。後來諸侯們擁立周幽王的兒子為周平王，從此開始了一個爭霸的時代——春秋時期。春秋時期的中國就像一個混亂的大家庭，東周的天子是大家長，但家庭成員卻不怎麼聽話。

有時競爭也會有好處，比如在各諸侯國相互競爭時，不知不覺發展了交通。各諸侯國之間要打仗，就需要更多的路，造更多的車和船。這樣一來，造車、船的技術大幅提高，修築的路愈來愈長。值得一提的是，當時的船運能力超出了我們的想象，有些國家為了打仗甚至開鑿了運河。

春秋時期的秦國和晉國是「爭霸賽」中實力強悍的選手，兩國相鄰，既是好鄰居，又是敵人。晉惠公時，晉國發生過一次大災荒，全國顆粒無收。晉國為此向秦國借糧。秦穆公是個爽快的人，認為救助鄰居是符合道義的事情，很快就答應了晉國的請求。

烽火戲諸侯

周幽王為博褒姒一笑，做出烽火戲諸侯的荒唐事，最後被申侯和犬戎所殺。

戰車

春秋時期，各國之間的戰爭都會用到戰車；當時往往以擁有戰車的數量來衡量一個國家的實力。一輛戰車只載三名戰士，中間是馭手，也就是「司機」，兩側分別是弓箭手和執戈、矛、劍、戟等兵器的戰士。

秦晉兩國雖然相鄰，但運送上千噸的糧食也不是件容易的事情。秦國思來想去，最後決定用船運輸糧食。當時秦都在雍城，晉都在絳城，載着數千噸糧食的船隊從秦國出發，沿着渭河向東行駛，然後轉入黃河，再從黃河駛入汾河。船隊一路上經歷了重重的困難，最後安全抵達晉國的都城。這次了不起的運輸一共行駛了700多里水路，史稱「泛舟之役」。

第一條人工運河

吳國是春秋時期後來居上的國家，起初一直沒有引起中原各國的注意，直到吳國逐漸吞併周邊的小國，觸動了楚、齊等大國的利益，才引起他們的注意。後來一個叫申公巫臣的叛臣從楚國跑到了吳國，他唆使吳國攻打楚國，教會吳國人使用戰車和用兵的方法，使吳國的軍事能力又提高了很多。

吳國的水軍一直都很優秀，經過多次渡江作戰，打通了和楚國之間的水路。吳國與楚國多次交手，最後還差點滅了楚國。

申公巫臣

申公巫臣指導吳國人使用戰車和用兵的方法，使吳國迅速崛起。

吳國重創楚國後，又想攻打齊國。為了北上伐齊，吳王夫差命人在揚州修築了一座邗（粵：hon⁴，讀寒。普：hán）城，又調集大量人力，從長江向北挖鑿航道，連接淮河。這條航道就是邗溝，是中國歷史上明確記載的第一條人工運河，也是大運河最早開發的一段。邗溝完工的第二年，吳王將吳軍兵分兩路，主力一路由他親自率領，乘內河戰船由邗溝入淮河，北上攻打齊國，另一路則由徐承率領，從海路進攻齊國。吳國打算一舉滅掉齊國，稱霸中原。

開鑿邗溝

公元前 486 年，吳王夫差為了可以從水路攻打齊國，調集大量勞工在蜀岡（今揚州市西北）修建邗城，並在城下開鑿了一條連接長江與淮河的運河——邗溝。

第一次海戰

春秋時期，吳國的水師一直都很優秀，但在這次海戰中卻吃了敗仗。原來，由大夫徐承率領的數百艘戰艦大部分只是在內河作戰，並沒有海上作戰的經驗。再加上經過長時間遠航，士兵們已經筋疲力盡。而齊國熟悉琅琊台附近的海域，又提前做好了應戰的準備。當吳國的艦隊行駛到琅琊台海域時，齊國的戰艦突然衝向吳軍艦隊。經過激烈的海戰，吳軍敗退，吳國與齊國的海戰成為中國歷史上最早的海戰。

那麼，在這場海戰中都有哪些船呢？

大翼

吳國的主要戰艦。相傳大翼長十餘丈，寬約一丈六尺，可以載九十多人。

餘艎

餘（粵：jyu⁴，讀余。普：yú）艎（粵：wong⁴，讀王。普：huáng）是吳國王侯乘坐的大型戰船，作戰時作為艦隊的指揮艦。

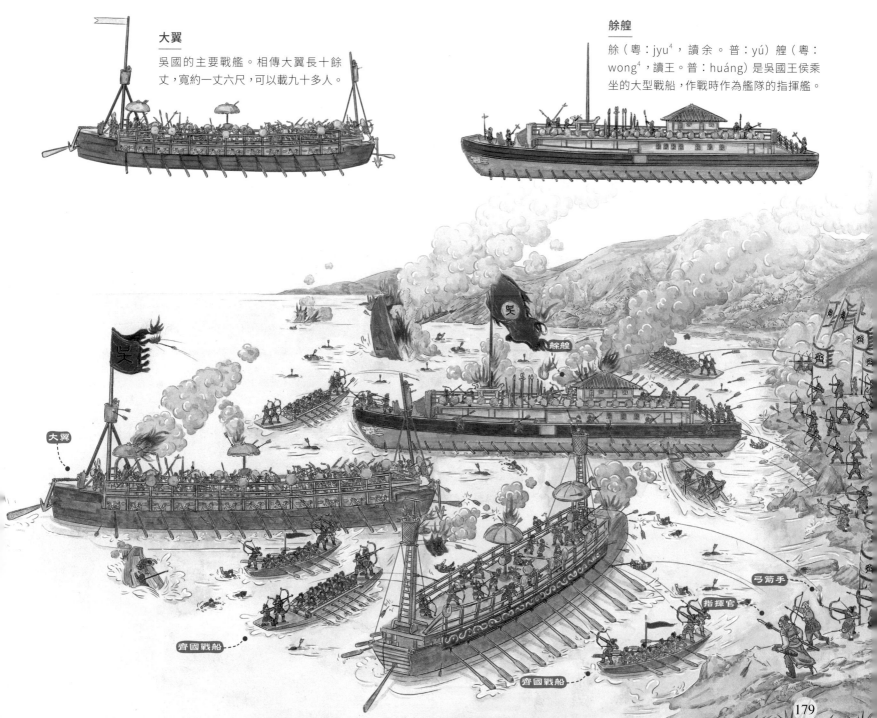

懸崖峭壁上的金牛道

戰國時期，各國之間戰爭不斷，相互吞併地盤。秦國剛開始並不是強國，但通過變法，改變以往的制度，逐漸強大起來。秦惠文王即位後，總想擴大自己的地盤。他和大臣決定先吞併富庶的蜀國，等國家有了實力再吞併其他國家。但是秦國與蜀國之間隔着崇山峻嶺，想要攻打蜀國並不是件容易的事情。傳說，秦王想了一個妙計，他命人雕刻了一頭石牛，謊稱石牛能排泄黃金，並要將石牛送給蜀國。貪婪的蜀王聽說後便命人開鑿通往秦嶺的通道。等這條通道修好後，迎來的卻不是排泄黃金的石牛，而是秦國的大軍。後來人們把這條了不起的蜀道稱為「金牛道」。

金牛道一直是秦、蜀之間的重要通道，沿途蜿蜒崎嶇，到處都是懸崖峭壁。當時的人們為了克服這些困難，便想到了鑿孔架橋的方法。戰國至秦漢時期，人們相繼修了金牛道、褒斜道、陳倉道等重要的棧道。秦末劉邦「明修棧道，暗度陳倉」的故事就發生在陳倉道上。

石牛糞金

相傳，秦惠文王編造石牛糞金的謊話，騙蜀王開鑿通往秦嶺的通道，最後秦國軍隊滅掉了蜀國。

你知道古人怎麼修棧道嗎？

古代人在沒有火藥和先進工具的情況下，修鑿棧道非常艱難。但聰明的古代人想到了火焚水激的方法；當石頭受熱後，再用涼水一澆，就會裂開，古人利用這種原理來清除大塊的石頭。

鋪設棧道需要用鑿、錘等工具在崖壁上鑿出寬約20 厘米、深約 50 厘米的孔洞，再插入約兩米長的粗木橫樑，並在下方加上支撐，鋪上木板，最後在棧道旁安裝鐵鏈或木欄。

胡服騎射

在戰國之前，中原地區一般是用馬來拉車，並沒有騎馬的習慣。而北方的胡人很早就開始騎馬，並且經常騎馬騷擾中原的居民。當中原的軍隊趕到時，胡人早就逃之夭夭了。當時的中原各國大部分用馬車作戰，但笨重的戰車只適合作戰，並不適合追趕敵人。

騎馬射箭

趙武靈王為了推廣騎馬射箭，親自穿上胡人的衣服，演示騎射。後來各國看到了騎馬打仗的優勢，紛紛組建自己的騎兵軍隊，笨重的戰車逐漸被淘汰。

後來，趙武靈王意識到了這個問題，他從胡人身上學會了騎術，並掌握了騎在馬上射箭的方法。他發現，中原的漢人服飾太笨重，並不適合騎馬射箭，而胡人的衣服一般是短衣、長褲和皮靴，穿在身上既靈活又方便。趙武靈王覺得應該學習胡人的長處，便頒佈了「胡服騎射」的命令。有了騎兵的趙國，將胡人趕到了很遠的地方。趙國也因為改革而強大起來，成為戰國七雄之一。

●想要遊遍天下

秦始皇統一中國後，開始大刀闊斧地改革。他先把各國爭霸時遺留的關卡全部拆除，之後又修築長城，修馳道，開靈渠，建成了全國暢通無阻的交通網。秦始皇稱帝後，下令要求全國的車輛使用同一寬度的軌距，規定車輛的兩個輪子之間的距離必須是六尺。統一後的車輪會壓出寬度一致的車轍，車輛跑起來更快、更平穩，這就是「車同軌」。

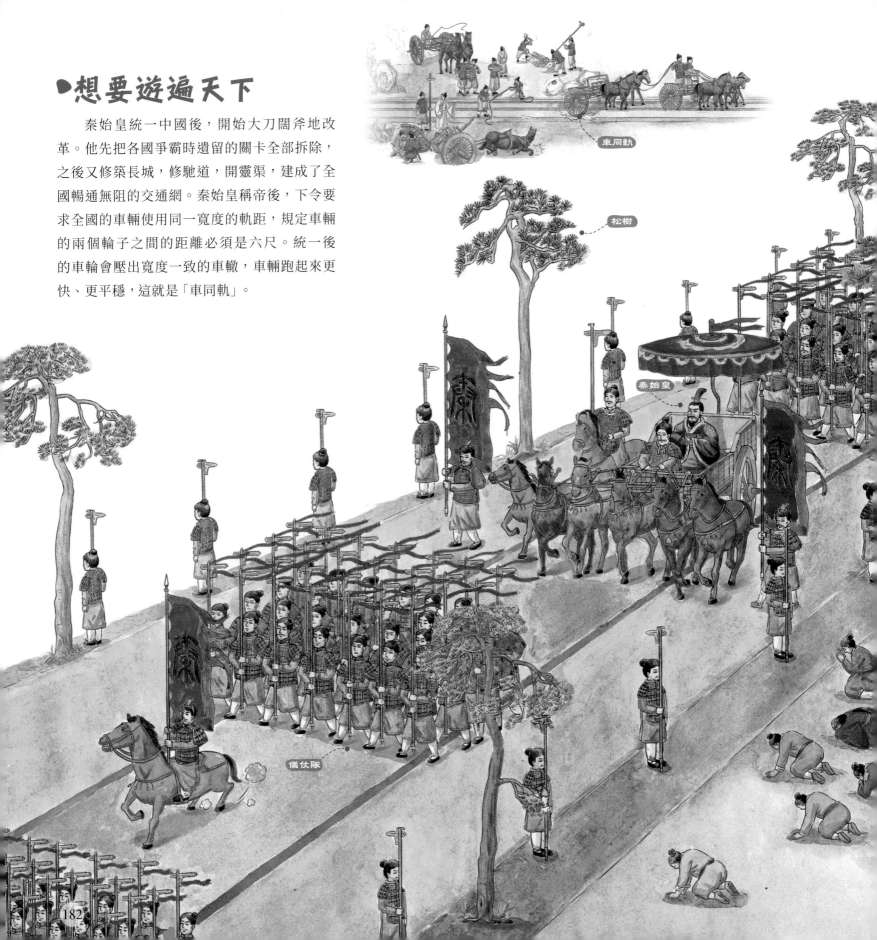

車同軌

松樹

秦始皇

儀仗隊

182

車同軌之後，秦始皇指揮修築了通往全國的馳道。修築馳道也有統一的要求：路面寬約 70 米；路面要夯實；每隔三丈要種上一株松樹；每隔 10 里要設立一個管理站。馳道中央是皇帝的專用道，普通人不能使用。不過皇帝在馳道兩旁給普通人預留了行人路。

在修馳道之前，秦始皇就已經有了巡遊天下的想法，當馳道還在修築時，秦始皇就迫不及待地開始了第一次出巡，之後又沿着馳道巡遊了五次。秦始皇在第六次巡遊的途中病死，他想遊遍全國的夢想也隨之破滅。

秦始皇統一六國後，為了抵御北方匈奴的侵擾，下令修建一條方便行軍的直道，這條直道由咸陽直達九原郡，全長約有 700 多公里。這條直道就像今天的高速公路，如果北方出現敵情，秦始皇的騎兵三天三夜就能從咸陽趕到陰山下。這條直道一直沿用到漢唐，到清代才逐漸廢棄。

馳道

副車
秦始皇車隊中的隨從車輛。

百姓

焚書
秦始皇統一六國後，焚燒了大量典籍。

刺客
張良為了報仇，請了一位大力士刺殺秦始皇。但可惜的是，這次刺殺並沒有成功。

修築馳道

修築馳道

直道

張騫第一次出使西域

公元前 138 年，張騫從長安出發，歷時 13 年才從西域回到長安，張騫一路上經歷了哪些事情呢？一起來看看吧！請由位於東方（右頁）的長安開始。

6. 走了 10 多日，張騫一行人來到大宛國，受到了國王熱情的款待。張騫在大宛品嚐到了葡萄，看到了汗血寶馬。後來大宛王將他們護送到康居，康居王又將他們送到了大夏。

7. 張騫見到了大月氏的女王，並說明來意。此時的大月氏已不願再與匈奴作戰，但願意與漢朝成為朋友。

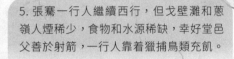

5. 張騫一行人繼續西行，但戈壁灘和蔥嶺人煙稀少，食物和水源稀缺，幸好堂邑父善於射箭，一行人靠着獵捕鳥類充飢。

8. 張騫在大夏逗留了一年多，了解了西域的地理、物產、風俗後，才開始返回長安。

● 著名的絲綢之路

　　秦始皇病死後，胡亥成為中國歷史上第二位皇帝。胡亥即位後，像傀儡一樣任由趙高擺佈。後來二人做了太多壞事，最終引發了農民起義。秦末起義軍在劉邦、項羽等人的領導下推翻了秦朝。後來劉邦又打敗了項羽，建立了漢朝。

　　漢初，匈奴人盤踞在北方，時常侵擾中原居民，就連漢朝通往西域的路線也被匈奴阻隔。漢武帝是個出色的皇帝，他總想好好教訓一下匈奴人。他聽說西域有個名為大月氏的部落與匈奴有世仇，便派張騫出使西域，想聯合大月氏一起教訓匈奴。張騫第一次出使西域，並沒有完成任務，但他將西域的地理、物產、風俗等情況帶回漢朝，為漢朝提供了寶貴的西域信息。

指鹿為馬

愚蠢的秦二世胡亥看到趙高牽着一頭鹿，便問他為甚麼牽着一頭鹿。趙高硬說那是一匹馬，二人爭執不下，便問群臣。群臣一半說是馬，一半說是鹿，秦二世看到這種情況，也只能順從趙高的說法。後來「指鹿為馬」這個成語常用來形容故意顛倒黑白、混淆是非。

4. 一日，趁匈奴人不備，張騫帶着隨從逃出了匈奴的控制。

3. 匈奴單（粵：sin⁴，讀善。普：chán）于將張騫扣留了 10 年之久，還為他安排了妻子。

2. 不幸的是，張騫的隊伍剛進入河西走廊就被匈奴騎兵俘獲，被送到匈奴王廷。

9. 張騫為了避開匈奴人，決定沿塔里木盆地南沿東行，當到達古樓蘭時，他決定經羌人地區返回。但不幸的是，張騫一行人再次被匈奴騎兵俘獲。

10. 張騫一行人又被扣留了一年多。一天，匈奴發生內亂，張騫一行人抓住時機，趁亂出逃，終於回到了長安。

1. 公元前 138 年，張騫帶着堂邑父等 100 餘人從長安出發，第一次出使西域。

漢武帝聽取張騫的彙報後，立志要把河西走廊搶回來。他派衛青、霍去病等大將多次攻打匈奴，最後把匈奴趕到了遙遠的漠北。漢朝為了和西域各國建立聯繫，再次派張騫出使西域。這次出使的隊伍非常龐大，僅副使就有 10 多個，隨從的商團有 300 多人，並且帶了許多絲綢、牛羊和財寶。在這次出使中，張騫和他的副使到達了中亞、西亞的許多國家，西域各國也紛紛派使臣出使漢朝，與漢朝建立了通商關係，從此絲綢之路正式開通。後來，西漢軍隊徹底擊敗匈奴，並在西域設立了西域都護府。有了漢朝軍隊的保護，愈來愈多的商隊穿梭在這條要道上，絲綢之路從此成為重要的商道。

絲綢

張騫出使西域，與西域各國建立聯繫後，中國出產的絲綢成為西域商人爭相買賣的商品。後來一位西方學者將這條通道稱為「絲綢之路」。

旌節

古代使者出使別國時，皇帝賜予的象徵國家的憑證、信物。旌（粵：zing¹，讀蒸。普：jīng）節往往由使者所持，所以又叫「使節」。後來人們也將外交代表稱為使節。

古老的大運河

公元 581 年，楊堅建立隋朝，不久後又滅掉了南方的陳國，再次統一全國。除此之外，他還做了很多有利於人民的事情，減輕人民的負擔，讓人民安居樂業。為了防止災荒，他還修了一條廣通渠，建了很多糧倉。隋文帝為隋朝開了個好頭，但他怎麼也想不到，隋王朝會敗在他的兒子手上。隋文帝死後，他的兒子楊廣即位，史稱隋煬帝。

公元 608 年，開鑿永濟渠。

涿郡

公元 605 年，開鑿通濟渠。

公元 584 年，隋文帝開鑿廣通渠，西起長安，東到潼關銜接黃河，全長 300 里。

山陽

公元 605 年，疏通邗溝。

公元 610 年，開鑿江南運河。

東都洛陽

潼關

長安

營建東都洛陽

江都

京口

餘杭

隋煬帝即位後便開始營建東都洛陽，消耗了大量的人力、物力。隋煬帝是一位非常喜歡旅行的皇帝，每到一個喜歡的地方，就要修建行宮。他還有一個南巡的夢想，在即位的那一年，便開始實施修建運河的計劃。他先是徵調上百萬民工，向南開鑿通濟渠，並疏通邗溝。大業四年（公元 608 年），隋煬帝又徵調百萬民眾向北開鑿永濟渠。等永濟渠完工後，他又下令從京口到餘杭挖一條江南運河。就這樣，他以洛陽為中心，把從南到北的河流連成一條人字形的大運河。這條大運河全程長達 1700 公里，向北能到達當時的涿郡，向南能到達富庶的杭州，成為當時南北交通的大動脈，也成為世界上最長的大運河。

隋煬帝南巡

通濟渠修好後，隋煬帝迫不及待地乘上提前造好的龍船，開始了他的第一次南巡。據說隋煬帝的龍船高 45 尺，寬 50 尺，長 200 尺（3 尺 =1 米），共有四層，龍船行駛時還需要千餘名縴夫牽引。隋煬帝一共南巡三次，最後一次在江都被叛軍殺死。

縴夫

移動的宮殿

隋煬帝為了方便出遠門，命人設計了一種可以移動的宮殿，稱為「觀風行殿」。此殿是木質結構，底部裝有輪軸，可以任意移動。據說它還可以自由組合，分開是一隊大平板車，組合起來是一座宮殿。

龍船

一騎紅塵妃子笑

驛站是古代為驛使、官員、信差和過路旅客提供服務的機構，有點像今天中國內地高速路上的服務站。周代時就有了驛站的雛形，春秋時期，驛站稱為「馹（粵：jat⁶，讀日。普：rì）傳」，傳遞公文書信主要依靠馬車。戰國時期，古人開始騎馬送信。到了漢代，驛站改叫「驛亭」，而且還把傳送信件的工作分成了兩種，一種是騎馬的「驛」，一種是步行的「郵」，就像今天的速遞和平郵。

到了唐朝，驛站分為陸路上的驛站和水路上的驛站。陸驛備有驛馬、驛驢，水驛備有快船。這樣的驛站遍及大江南北，全國大約有 1600 多所。唐代的驛站業務廣泛，除了負責接待過往官吏和旅客，傳遞軍事情報、奏章、信件文書外，還要負責追捕逃犯和遞送各種貢品。

驛　　　郵

驛和郵

漢代時，騎馬傳遞書信稱為「驛」，步行傳遞信息稱為「郵」。驛就像今天的速遞，郵就像今天的平郵信件。

驛站

驛馬

小狗

捕快
古代抓捕犯人的官役

馬車

犯人

驛驢

在唐代，普通的旅店也有驛驢供客人租用。

唐代的水驛

水驛是用船來傳遞信息的驛站。唐代時，全國有 260 所水驛，86 所水陸兩用的驛站。

唐代的楊貴妃愛吃荔枝，皇帝為了討她歡心，專門設立運送荔枝的驛馬。等到荔枝成熟時，運送荔枝的驛使快馬加鞭，將荔枝從千里之外的四川涪陵日夜兼程送到長安。唐代的著名詩人杜牧為此留下了「一騎紅塵妃子笑，無人知是荔枝來」的詩句。

代寫書信

在古代，不識字的人需要傳送書信時，就要請文人幫忙代寫。

代寫書信

荔枝

旅客

運送荔枝的驛使

掉落的荔枝

躲避的行人

走了五萬里的和尚

唐朝時，絲綢之路再次繁榮，許多外國人通過絲綢之路來到唐朝，其中包括大量的僧人。佛教大約是在漢代通過絲綢之路傳入中國。魏晉南北朝時期，信奉佛教的人多了起來，有些僧人甚至遠赴天竺求取真經，歷史上被我們熟知的取經人應屬唐朝的玄奘。玄奘是個聰慧的僧人，20 多歲就已學會各派佛學。

後來玄奘發現中國的佛經並不全面，而且翻譯也不統一，便有了遠赴印度求取真經的想法。但當時唐朝建國不久，河西走廊被突厥人控制着，而朝廷又嚴禁出國旅行，因此到達遙遠的印度並不是一件容易的事。

蘆葦

公元 629 年，申請出關無果的玄奘，只好偷偷從長安出發，開始了西行求法的艱難旅程。28 歲的玄奘沿着絲綢之路向西艱難行進。他穿過荒涼的大沙漠，沿途經過許多國家，路上遇到過匪徒，也遇到過好人。最後，在高昌國國王和突厥可汗的幫助下，玄奘翻過讓人舉步維艱的大雪山，終於進入印度境內。到了印度，玄奘四處求教名師，在那爛陀寺學習了五年。學業有成的玄奘帶着大量佛經、佛像以及珍貴的特產沿絲綢之路的天山南路回到了長安。玄奘西行求法前後歷時 17 年，一共走了五萬里，歷經千辛萬苦，最終走完了取經之路。

《大唐西域記》

回到長安後，玄奘口述遊學經歷，編著了《大唐西域記》一書。書中詳細記錄了西域各國的氣候、經濟、文化、風土人情等內容，是了解唐朝時期西域各國的重要著作。

風滾草

風滾草是一種生命力極強的植物，象徵着堅持和努力。

玄奘

玄奘俗姓陳，名褘（粵：fai¹，讀揮。普：huī），出生於河南洛陽緱（粵：gau¹，讀勾。普：gōu）氏。13 歲時出家，法名玄奘。28 歲時，玄奘西行取經，前後歷經 17 年。回國後，玄奘夜以繼日地翻譯佛經，共翻譯 1300 多卷。公元 664 年，玄奘去世。《西遊記》就是以玄奘取經的故事為原型創作的文學名著。

枯木

海上絲綢之路

在古代，除了張騫開通的「絲綢之路」，還有一條重要的貿易通道——海上「絲綢之路」。海上絲綢之路形成於秦漢，唐宋時期才真正繁榮起來。唐朝後期，西域經常發生戰亂，陸上絲綢之路時通時斷。後來，人們發現，海路遠比陸路成本低，於是愈來愈多的商人選擇了海上絲綢之路。

宋朝時，開明的皇帝看到了海上貿易的好處，想出了很多保護貿易的辦法，並設立了管理港口和貿易的市舶司。繁榮起來的海上絲綢之路為宋朝帶來了香料、藥材、象牙等舶來品，也將中國的瓷器、絲綢、茶葉等商品帶到世界各地。在出口商品中，瓷器成為暢銷品，價格一度超過了黃金。但高昂的價格並沒有影響瓷器的銷量，每當運輸瓷器的船舶靠岸，瓷器就會被一搶而空。後來，外國的工匠來到中國，學會了製瓷工藝，傳播到世界各地。因此，海上絲綢之路又叫「海上陶瓷之路」。

發達的海運離不開船舶，宋朝的海船延續了唐朝的水密艙技術，這使船舶更加安全。在大海中，宋朝的海船很少會迷失方向，這是為甚麼呢？原來，宋朝人掌握了各種辨別方向的方法，其中就包括世界上最早辨別方向的工具之一——「指南針」。

海船

落水

官兵

裝卸貨物

指南魚

指南魚是北宋《武經總要》中記載的一種利用人工磁化的方法指示方向的工具，使用時，把磁化的魚形鐵片放在水裏，就能指示東南西北。

造船廠

鋸木

駱駝

市舶司官員

外國商人

出口白糖

僧侶

製作瓷器

水浮法

將磁化的鐵針穿過燈芯草，使其浮在水面，磁針就可以在水面上轉動並指明方向。

縷懸法

以細絲作懸線，用蠟將線黏在磁針的中部，懸掛在木架上。當磁針靜止後，兩端就會指向南北。

水密艙

水密艙是用隔艙板把船艙分成多個密封的艙區，艙與艙互不相通，即使有某個艙區破損，水也不會流到其他艙區，從而減少沉船的可能性。水密艙最早出現在唐朝，是一項了不起的發明。

借過！

看熱鬧

虹橋

快拉住繩子！

過橋

載滿旅客的客船已進入橋底，但高高的桅杆還沒有放倒，即將撞向虹橋。危急時刻，船工全體出動，有人控制航向，有人放倒桅杆。而在虹橋上，有人看熱鬧，有人起哄，也有人幫忙。那麼，客船能安全通過嗎？

小心呀！

篙師

篙是撐船的竹竿，篙師即是用竹竿撐船的能手。

商販

● 繁忙的汴河

宋朝的開國皇帝叫趙匡胤，他原本是後周掌握兵權的大臣，在一次行軍中黃袍加身，被擁立為天子。趙匡胤當上皇帝後，改國號為「宋」。北宋建國後仍將都城定在開封，當時稱為汴京。在古代，汴京是個大城市，特別是在北宋時期，汴京的人口超過百萬，商舖有 6000 多家，是當時世界上最繁華的大城市。

汴京的繁華離不開漕（粵：cou⁴，讀曹。普：cáo）運，而漕運又離不開河流。北宋時，為汴京提供漕運的有汴河、蔡河、五丈河及金水河，這四條重要的河流在宋朝被稱為「汴京四渠」。

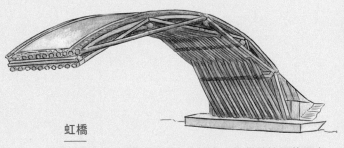

虹橋

張擇端的《清明上河圖》中還有一座橫跨汴河的巨大拱橋，稱為虹橋。這是一座特殊的全木拱橋，後來人們把這種結構的木橋稱為貫木拱橋。

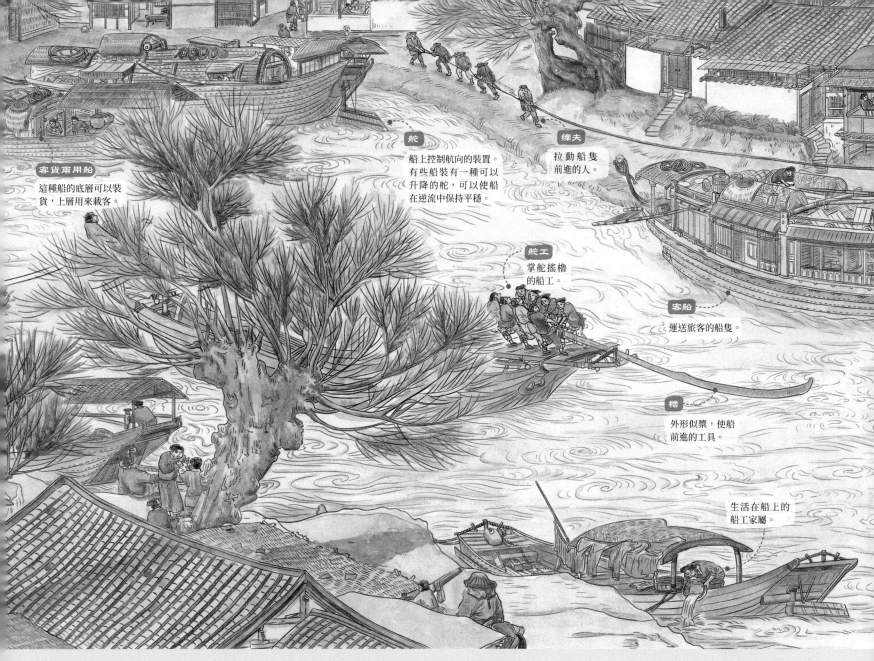

客貨兩用船
這種船的底層可以裝貨，上層用來載客。

舵
船上控制航向的裝置。有些船裝有一種可以升降的舵，可以使船在逆流中保持平穩。

縴夫
拉動船隻前進的人。

舵工
掌舵搖櫓的船工。

客船
運送旅客的船隻。

櫓
外形似槳，使船前進的工具。

生活在船上的船工家屬。

搬運工

汴河是連接黃河和淮河的運河，也就是隋煬帝下令開鑿的通濟渠，到了北宋改稱汴河。汴河是連結首都汴京和江南的重要運輸水道，是北宋王朝的生命線，江南各地的糧食和商品就是通過這條人工河運到汴京。根據史料記載，通過汴河運送的糧食，最多的一年達到 800 萬石（粵：daam³，讀擔。普：dàn）。要知道，當時的一石約為今天的 50 公斤左右。

北宋有位宮廷畫師名叫張擇端，他把汴河上的繁忙景象畫在了《清明上河圖》中。汴河上船來船往，有載客的客船、運糧的漕船，以及停靠在岸邊的小船。在虹橋下，一艘即將過橋的客船可能會遇到危險，一場救援行動開始了！

漕船

漕船又叫「綱船」，是汴河上運輸貨物的船隻，主要負責運送糧食。

● 馬背上的民族

　　蒙古族生活在北方的大草原，逐水草而居。他們擅長騎馬射箭，又被譽為「馬背上的民族」。在古代，馬是蒙古族主要的交通工具，不論是出兵打仗，還是遊獵活動，他們永遠都騎在馬背上。特別是在戰場上，蒙古騎兵使敵人聞風喪膽。

　　成吉思汗是個非常厲害的人物，他建立的大蒙古國一共發動過三次西征，最遠打到了歐洲的多瑙河附近。在這些戰爭中，蒙古軍隊能行軍萬里，征戰到歐洲，馬的功勞應該是最大的。忽必烈建立元朝後，馬在人們的日常生活中更常見了，人們日常出行、狩獵、巡遊多以騎馬為主。那麼，元代的馬是甚麼樣子的呢？

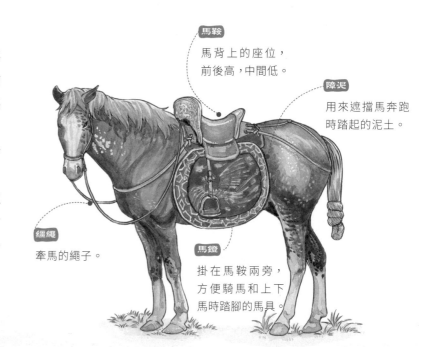

馬鞍
馬背上的座位，
前後高，中間低。

障泥
用來遮擋馬奔跑
時踏起的泥土。

繮繩
牽馬的繩子。

馬鐙
掛在馬鞍兩旁，
方便騎馬和上下
馬時踏腳的馬具。

趕車人

西方的旅客

元朝時，三個西方人沿着陸上絲綢之路來到東方，並受到了皇帝忽必烈的熱情接待。三個西方人中有位年輕人被皇帝留在了宮中，並做了元朝的官員。當官後的年輕人在中國各地遊歷，他到過中國的大都、上都、杭州、蘇州、揚州、西安、開封、成都等地。一路上，他把看到的繁華街市、廉價絲綢、方便的驛道，以及人們使用紙幣等情景通通記錄了下來。

在元朝遊歷了 17 年的年輕人回到了西方，後來他參加戰爭而被俘。在獄中，他把在東方的所見所聞講給一位叫魯斯蒂謙的作家，後來這位作家根據他的口述寫了一本書——《馬可·波羅遊記》。沒錯，這名年輕人就是著名的旅行家——馬可·波羅。他的遊記影響力巨大，西方人通過他的遊記認識了神秘的東方，也引起了哥倫布等一批航海家及旅行家對東方的嚮往。

帳幕車
用幾十頭牛拉拽的指揮大帳。

騎兵

鄭和的寶船

明朝時，中國在海上的運輸能力達到了頂峯，不論是船隻製造還是遠航能力，都是世界第一。明朝的航海能力雖然是第一，但是對外貿易卻不如以前。

明初時，朝廷只允許官府組織對外貿易，不許私人參與。這樣一來，商船也只能以給皇帝送禮的名義來中國交換、購買商品。為改變這種局面，燕王朱棣搶走建文帝的皇位後，命鄭和組建一支規模龐大的艦隊，準備向世界宣示明朝的富有和實力。

在下西洋之前，朝廷命令全國各地大量建造海船，其中就包括一種巨大的「寶船」。

永樂三年（公元 1405 年）六月，鄭和率領 2.7 萬餘人和 60 餘艘寶船，開始了第一次西洋遠航。此後他又進行了六次遠航。鄭和七次下西洋，到過 30 多個國家和地區，最遠到達東非和紅海。

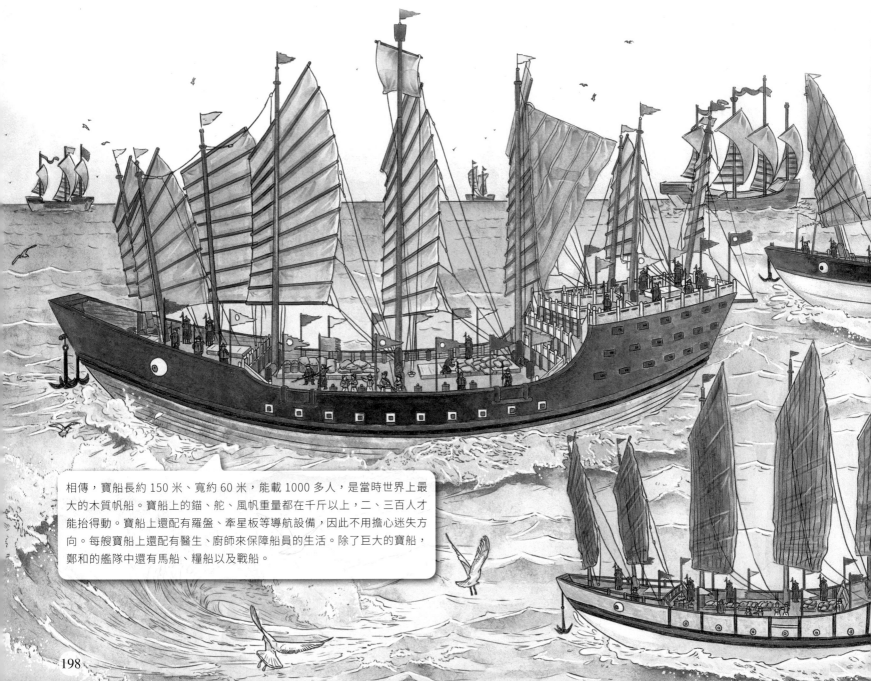

相傳，寶船長約 150 米、寬約 60 米，能載 1000 多人，是當時世界上最大的木質帆船。寶船上的錨、舵、風帆重量都在千斤以上，二、三百人才能抬得動。寶船上還配有羅盤、牽星板等導航設備，因此不用擔心迷失方向。每艘寶船上還配有醫生、廚師來保障船員的生活。除了巨大的寶船，鄭和的艦隊中還有馬船、糧船以及戰船。

鄭和下西洋不但把中國的絲綢、瓷器和茶葉等特產帶到了南洋和西洋，還把中國的醫術、農業技術和造船術帶到了沿途各國。鄭和的船隊是一支和平友好的船隊，他每到一個國家，都不會佔領一寸土地，搶奪一件東西，只會饋贈禮物，結交朋友。鄭和下西洋為明朝帶來聲望，一些國家開始派使臣出使明朝，和中國建立了邦交。

鄭和

明朝傑出的航海家、外交家。他原本不姓鄭，而是姓馬，後因作戰有功，被賜姓鄭。他 13 歲入宮，成為一名小太監，因此又叫三寶太監，而鄭和下西洋也被稱為「三寶太監下西洋」。

牽星板

測量星體距離水平線高度的儀器。古人通過牽星板測量星體高度，就能進一步計算出船舶在海上的位置了。

水羅盤

明朝航海使用的指向工具，盤面周圍刻有方位，中心盛水，將磁針放在水面來指示方向。

鄭和第一次下西洋，在三佛齊消滅了一群海盜，並生擒海盜首領陳祖義。

鄭和的船隊從國外帶回來各種名貴的藥材、香料，以及獅子、長頸鹿、斑馬、鴕鳥等珍禽異獸。

長頸鹿還被當作傳說中的「麒麟」。

落後的牛車

「火箭號」蒸汽機車

落後的帆船

蒸汽機船

● 落後就要捱打

　　清朝晚期，當中國還在使用牛、馬拉車時，英國人已使用蒸汽機車；當中國的船還在以人力和風帆為動力時，西方人發明了蒸汽船，這可比人工划船快了許多。但是，清朝的皇帝並不覺得這有甚麼了不起。

　　落後就會「捱打」，這種說法一點都沒錯。中國的瓷器、茶葉和絲織品等特產出口到世界各地，為清朝帶來了不少收入。貿易引來了貪婪的英國人，他們將「鴉片」賣到中國換取財富，但不久，林則徐開始禁煙（鴉片），切斷了英國人的「財路」。於是，英國人發動了鴉片戰爭，清朝的戰艦自然打不過蒸汽機戰艦。清政府為了停戰，被迫簽下《南京條約》：割讓香港島；賠償英國 2100 萬銀元；開放廣州、福州等五個港口為通商口岸。這是清朝簽訂的第一個不平等的條約。

林則徐虎門銷煙

1839 年 6 月，林則徐將繳獲的鴉片運到虎門，並將鴉片投到加了石灰的水池中銷毀。

第一次鴉片戰爭 | 1840 年至 1842 年，英國以虎門銷煙為由對中國發動了第一次鴉片戰爭，迫使清政府簽署了《南京條約》。

中國第一艘機動輪船——「黃鵠」號

中國第一艘機動輪船

曾國藩是洋務派代表之一，他於 1861 年在安慶設立了一座軍工廠，並聘請徐壽和華衡芳等人研製輪船。蒸汽機是輪船的心臟，所以他們首先要挑戰的是研製蒸汽機。1866 年 4 月，徐壽等人用原始的工具和手工方法造出了中國第一台蒸汽機。不久，徐壽等人再次研製蒸汽機輪船，經過四年的努力，他們終於造出了「黃鵠（粵：guk¹，讀菊。普：hú）」號機動輪船。這艘輪船長 55 尺，載重 25 噸，航速每小時 10 公里。「黃鵠」號是中國人自己設計建造的第一艘機動輪船。

汽車誕生於 18 世紀的歐洲，於 1901 年傳到中國。匈牙利人購買了兩輛美國汽車，運到上海使用，這是中國出現汽車的最早記錄。1902 年，袁世凱花了上萬兩銀子，從香港購買了一輛汽車，作為生日禮物送給慈禧太后。這位坐慣了大轎的太后聽說是一種不用馬拉就能跑的車，也想試一試。當她上車後，發現司機竟然坐在她的前面，覺得不合體統，一怒之下將這輛汽車打入了冷宮。

到了清末，街道上進口汽車愈來愈多，但開汽車的大多都是洋務派的官員。一直到民國時期，官員和富人才普遍購買使用汽車。

太后的賀禮

騎自行車的末代皇帝

自行車又叫腳踏車、單車，是法國人西夫拉克的發明。中國最早的自行車出現在清末，是由上海的商人從歐洲運來的，作為消遣娛樂的工具。

自行車在現代不算甚麼稀奇的事物，但在清末可是一件新鮮的交通工具。在皇宮，自行車更是一件好玩的「玩具」。清朝的末代皇帝溥（粵：pou²，讀普。普：pǔ）儀和他的愛妃就非常喜歡自行車，常騎着自行車穿梭在皇宮裏。溥儀為了方便騎車，還把許

洋務派代表人物

1840 年鴉片戰爭以後，更多西方人來到中國，開拓自己的財路。他們帶來了很多稀奇的玩意，其中有一些「新鮮」的交通工具。清朝部分有見識的大臣認為引進西方的先進技術，才能使清朝強大起來，這些人被稱為「洋務派」。

201

第一條中國人設計的鐵路

　　世界上第一條鐵路於 1825 年誕生在英國。鴉片戰爭後，西方人將鐵路傳入中國。1865 年，一個英國商人在宣武門外鋪設了一條 500 多米長的鐵路，一列小火車在鐵路上跑來跑去。英國商人的目的是向清政府推銷這種運輸方式，但慈禧太后卻認為這是一種古怪的東西，並下令拆除。又過了十年，英國人偷偷修了一條從上海到吳淞（粵：sung[1]，讀鬆。普：sōng）的鐵路。英國人這種侵略行為引起了中國人的強烈反抗，後來清政府花巨資把鐵路買回來，之後便將其拆除了。1879 年，為了方便運煤，洋務派向清政府建議修一條唐山至北塘的鐵路。當時很多人反對，在李鴻章的周旋下，清政府才勉強同意將鐵路修到胥（粵：seoi[1]，讀須。普：xū）各莊。1881 年 9 月，一條長約 10 公里，從唐山到胥各莊的鐵路修好了。

宣武門外的小鐵路

唐胥鐵路上的馬拉火車

龍號機車

有了鐵路，但沒有火車頭怎麼能行呢？於是鐵路技術人員自己動手，設計並製造了一台蒸汽機車。火車頭造好後，工人們在車頭兩側畫上了兩條金龍，稱之為「龍」號機車。可笑的是，火車沒跑幾天，就被愚蠢的大臣叫停了。原來他們是怕火車吵到清東陵的祖先，所以禁止在鐵路上跑火車，只允許使用騾或馬拖拉煤車。後來人們給這條只能用騾或馬拉車的鐵路起了個名字，稱為「馬車鐵路」。

面對列強搶奪中國的路權，清政府不得不作出一些改變。清政府決定自己修一條從北京到張家口的鐵路。1905年，清政府任命從海外留學歸來的詹天佑為京張鐵路的總工程師，兼任總辦。消息傳出後，外國人嘲笑道：「能在南口以北修築鐵路的中國工程師還沒有出世呢。」原來，從北京到張家口要經過燕山山脈，一路上都是崇山峻嶺和懸崖峭壁。詹天佑面對西方人的嘲諷並沒有氣餒，而是親自帶隊反覆勘察路線。京張鐵路最困難的是要在八達嶺鑿一條1000多米長的隧道。在沒有現代機械的情況下，詹天佑使用「豎井開鑿法」打通了隧道。詹天佑還在青龍橋修築了一段人字形線路，這樣能降低鐵路的坡度。

1909年8月11日，歷時四年施工京張鐵路終於建成。這條長約200公里的鐵路，成為中國歷史上第一條完全由中國人設計建造的鐵路。

詹天佑（1861—1919）
中國近代鐵路工程專家，被譽為「中國鐵路之父」。

豎井開鑿法
詹天佑先讓工人從山頂中部往下打一口豎井，再向兩頭開挖，外面兩端的工人也同時向中部挖，這種方法縮短了隧道的工期。

人字形線路
為了使火車爬上陡坡，詹天佑設計了一種人字形線路，北上的火車到了南口就用兩個火車頭，一個向前拉，一個在後面推。當火車過了人字形岔道口後，原先推的火車頭開始向前拉，而原先拉的火車頭則向前推。

長城

青龍橋車站

「鐺鐺鐺」，車來了

20世紀初，汽車、自行車等一些先進的交通工具進入中國人的生活，但街道上最常見的出行方式還是騎馬、騎驢和乘馬車、乘坐轎子。辛亥革命以後，一種來自日本的黃包車風靡（粵：mei[5]，讀美。普：mǐ）了大部分城市。黃包車，又叫人力車，是一種靠人拉的交通工具。黃包車便宜便捷，成為當時人們主要的公共交通工具，就像今天的的士。拉黃包車的人被稱為車夫，他們大多是來自農村的窮人，每天赤腳奔跑在馬路上，靠拉車的微薄收入維持生計。老舍先生的文學作品《駱駝祥子》中，主人公祥子就是一個黃包車夫，他的夢想是擁有一輛屬於自己的黃包車。

黃包車流行的同時，它的競爭對手也來到了中國。20世紀初，西方國家相繼出現了一種新的交通工具，那就是有軌電車。這是一種便捷的交通工具，它和今天的電車很像，車的頂部連接電線，依靠電力行駛。但不一樣的是，那時的電車要沿着固定的軌道行駛，就像火車一樣。

騎馬出行

乘馬車出行

黃包車出行

黃包車

騎車摔倒

騎馬

黃包車

冰糖葫蘆

汽車

駱駝

1906 年，天津第一條有軌電車線路通車運營，天津成為國內第一個擁有有軌電車的城市。1908 年，天津、上海及大連的有軌電車相繼通車營運。這些城市的有軌電車均由外商營運，而真正由中國人營運的有軌電車是北京的「鐺鐺車」。為甚麼北京的有軌電車叫「鐺鐺車」呢？原來電車開過來時，司機踩踏腳下的銅鈴，發出「鐺鐺鐺」的聲音，提醒行人閃躲，所以人們為有軌電車起了「鐺鐺車」的名字。

乘轎子出行

騎毛驢出行

1921 年，北洋政府組建了北京電車公司。1924 年 12 月 18 日，北京第一條有軌電車正式運營。這條線路從前門到西直門，全長 7 公里，配有 10 輛電車。後來，有軌電車線路發展到了 6 條，並以紅、黃、藍等顏色來標識，就像今天的地鐵線路。

北京的鐺鐺車只有一節車廂，人多時就要多牽引一節車廂。車內非常擁擠，有些人擠不上去，只能一隻腳站在車的邊緣，雙手拉住電車的邊框，這種行為被人們戲稱為買「掛票」。

鐺鐺車雖然便捷，但票價並不便宜，短途乘客更願意乘坐廉價的人力車。鐺鐺車為了爭搶乘客，發行了長期的月票和季票，這種票很受歡迎，因為在一定時間內，可以無限次乘坐。

飛到天上去

你可能知道，在 1903 年 12 月，萊特兄弟發明了世界上第一架飛機。但你知道中國人製造飛機的歷史嗎？中國人很早就有飛天的夢想，古時候有很多關於飛行的傳說，像黃帝乘龍升天、嫦娥奔月，以及我們最熟悉的孫悟空。

孫悟空的筋斗雲

在明朝吳承恩的小說《西遊記》中，孫悟空學藝時，菩提祖師教給他筋斗雲，有了筋斗雲，他一個筋斗就能飛十萬八千里。

嫦娥奔月

在神話故事中，后羿因射下了九個太陽，而從西王母那裏得到一粒長生不老仙丹，羿不捨得一人升天，便將仙丹交給妻子嫦娥保管。羿的弟子逢蒙是個奸詐小人，他一心想得到長生不老仙丹。一天，趁羿外出打獵，他威逼嫦娥交出仙丹。嫦娥迫不得已把仙丹吞了下去。突然間，她身輕如燕，升到空中，向月亮飛去。

黃帝乘龍升天

在上古神話中，黃帝是一位了不起的君主，他發明並推廣了車、船、曆法、算數、衣冠、音律等，為人民做了很多偉大的事情。一日，黃帝正在鑄鼎，天上突然飛來一條神龍，黃帝和臣民們大吃一驚。神龍靠近黃帝，黃帝知道神龍是來接他的，於是騎上神龍，向天上飛去。

木鳶和竹鵲

在古代有很多關於飛行和飛行器的記載：早在戰國時期，墨子用木頭製成了能飛的「木鳶（粵：jyun[1]，讀冤。普：yuān）」，而魯班也用竹子製成了能飛的「竹鵲（粵：coek[3]，讀卓。普：què）」。據說魯班的竹鵲不用任何動力就能飛上三天三夜。

飛行匠人

西漢末年，王莽為了攻打匈奴，下令招募能人巧匠。有個匠人稱自己能像鳥兒一樣在天空中飛翔，王莽便命他表演，只見這位匠人在頭上插滿羽毛，又將大鳥的羽毛製成兩個巨大的翅膀，用繩索綁在手臂上，就像是一隻巨大的「鳥」。後來這位匠人真的飛行了一百多步。

竹蜻蜓

中國有一種叫「竹蜻蜓」的玩具。這種玩具東晉時就有記載。竹蜻蜓有很多種，最簡單的是用兩端有斜面的竹片和一根竹柄組成的。玩的時候，只要雙手搓轉竹柄，雙手鬆開時，竹蜻蜓就會飛向天空。後來人們發現，竹蜻蜓的飛行原理竟然與直升機的螺旋槳原理是一樣的。

人乘風箏

北齊文宣帝高洋是歷史上有名的暴君，他強迫犯人從 27 丈高的金鳳台上跳下，乘風箏飛行。結果大部分人都被摔死了，只有一個叫元黃頭的人乘着風箏飛了好幾里地，而且還安然無恙地降落到地面。

萬戶飛天

在明朝，有一個人試圖乘「火箭」飛上天去，但這種火箭並不是今天的航天火箭，而是一種用火藥填充的武器。這種武器宋朝就有，稱為「神火飛鴉」。明朝乘坐火箭飛天的人是個萬戶（官職），他將 47 支火箭綁在一把椅子上，雙手舉着兩個大風箏。他想借助火箭的推力飛上天，再利用風箏平穩落地。但不幸的是，火箭點燃不久就發生了爆炸，這位勇敢的萬戶也獻出了自己的生命。

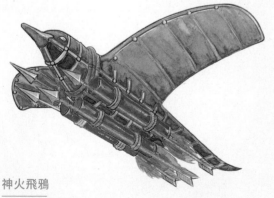

神火飛鴉

古代軍隊裝備的火器，這種火器的外形像烏鴉，在下面捆綁火箭。

中國製造的第一架飛機稱為「樂士文 1 號」，它的製造者是楊仙逸。從美國學習航空機械的楊仙逸回到國內，被孫中山先生任命為航空局局長。他籌辦了廣東飛機製造廠，開始製造國產的飛機。在簡陋的廠房裏，楊仙逸領導工人奮戰了幾個月，終於在 1923 年造出了第一架國產飛機。這架飛機試飛時，孫中山的夫人宋慶齡親自乘坐，孫中山也親自為這架飛機起了名字——樂士文 1 號。

楊仙逸（1891—1923）

廣東中山縣北台鄉人，1891 年出生於美國檀香山。在美國學習航空機械的楊仙逸回到中國，被孫中山委任為航空局局長，兼任廣東飛機製造廠廠長。1923 年，楊仙逸等人造出了第一架國產飛機。同年 9 月，楊仙逸前往梅湖檢查水雷實驗時，因水雷意外爆炸而不幸殉（粵：seon¹，讀詢。普：xùn）難。

　　中國人真正造出飛機的時間只比萊特兄弟晚六年。馮如，1884 年出生在廣東恩平，很小就隨父到美國謀生。在美國期間，他一邊做童工，一邊讀書，並對機械製造產生了興趣。後來馮如看到飛機在戰爭中的作用，就想自己製造飛機，保衞祖國。馮如於 1908 年製造出了第一架飛機，但試飛並不成功。他並沒有因此灰心，而是繼續努力，終於在 1909 年 9 月 21 日，成功試飛了第一架飛機。這架飛機成為中國人自己製造的第一架飛機，馮如也成為中國第一位飛機設計師，被譽為「中國航空之父」。

「樂士文 1 號」飛機

古代的那些車

戰國時期開始出現雙轅牛車，到了秦漢時期，雙轅車已經非常普及了。除了這些車，古代還有很多稀奇古怪的車：有一個輪子的獨輪車，有靠人來拉的輦（粵：lin⁵，讀連。普：niǎn）車，有靠動物來拉的羊車、鹿車、驢車、駱駝車，還有樓車、指南車和記里鼓車等特別的車輛。

雙轅牛車

雙轅馬車

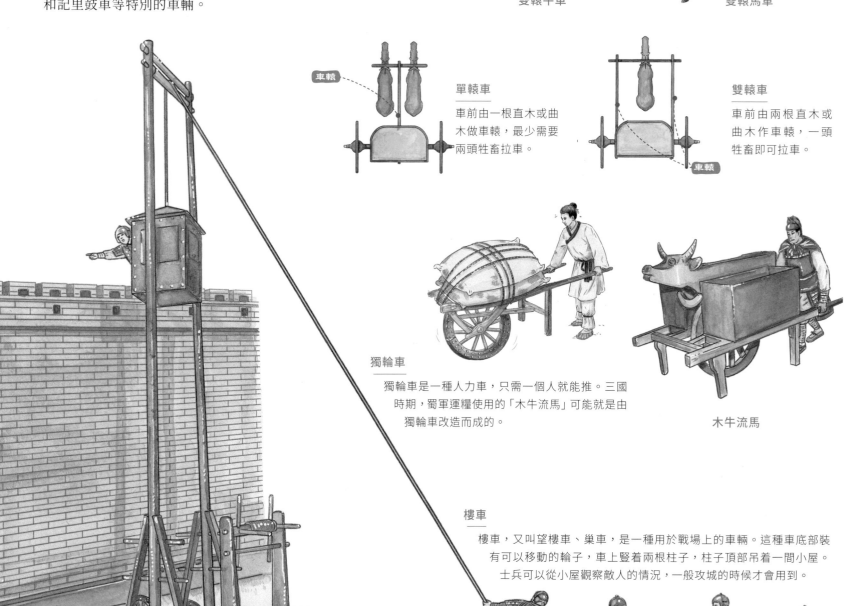

車轅

單轅車

車前由一根直木或曲木做車轅，最少需要兩頭牲畜拉車。

雙轅車

車前由兩根直木或曲木作車轅，一頭牲畜即可拉車。

車轅

獨輪車

獨輪車是一種人力車，只需一個人就能推。三國時期，蜀軍運糧使用的「木牛流馬」可能就是由獨輪車改造而成的。

木牛流馬

樓車

樓車，又叫望樓車、巢車，是一種用於戰場上的車輛。這種車底部裝有可以移動的輪子，車上豎着兩根柱子，柱子頂部吊着一間小屋。士兵可以從小屋觀察敵人的情況，一般攻城的時候才會用到。

鹿車

鹿車是由鹿科動物牽引的一種車，也是一種供人娛樂的小車。我們從遼朝的壁畫中找出了鹿車的影子，一起來看看吧。

羊車

羊車最早出現在東周，是一種供人娛樂的輕便小車。晉朝的晉武帝常常乘着羊車在宮中遊玩。

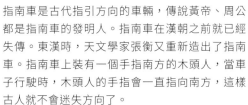

指南車

指南車是古代指引方向的車輛，傳說黃帝、周公都是指南車的發明人。指南車在漢朝之前就已經失傳。東漢時，天文學家張衡又重新造出了指南車。指南車上裝有一個手指南方的木頭人，當車子行駛時，木頭人的手指會一直指向南方，這樣古人就不會迷失方向了。

輦車

輦車最初是由兩個人推拉的人力車，只有貴族才能擁有。魏晉時期，由人來推拉的輦車變成了由人來抬的步輦，而且乘步輦還成為皇帝的特權。

步輦

驢車

驢是一種食草動物，體型雖沒有馬大，但它溫馴，有耐力，在古代很受平民的歡迎。

記里鼓車 ｜ 記里鼓車是漢朝計算路程的車輛，車頂有一面鼓和兩個手持雙槌的木人，鼓和木人通過木桿連接車軸，每行駛一里，木人就會擊一次鼓。這樣人們只要記住木人擊鼓的次數，就能算出行駛的路程了。

駝車

駝車是由駱駝牽引的車，主要是北方少數民族貴族乘坐的車。在遼朝，駝車只有皇帝和貴族才能乘坐。

我們這樣過河

中國地域遼闊，地形地貌豐富，既有高山峻嶺，又有江河湖泊。那麼，古人是怎樣穿過河流，越過峽谷的呢？

你一定想到了橋。沒錯，過橋是人類跨越峽谷、河流最便捷的方式。其實在很早很早以前，地球上就有了天然橋樑。中國很多地方都有「天生橋」，這種「橋」大多是地殼運動、岩體塌陷或水流沖擊形成的天然橋樑。

遠古時期，原始人踩着河流中的石頭，或是沿着倒在兩岸間的大樹過河。後來原始人刻意將石塊擺放在較淺的河流中，或是將大樹砍倒，搭到河流兩岸過河。這就是人類最早的人工踏步橋和獨木橋。

新石器時代，6000 多年前的半坡人已經會用原木搭建橋樑。

獨木橋

踏步橋

天然橋樑

戰國時期，秦國修建都江堰時，在岷江修了一種用竹子編織的竹索橋，後來人們又將修建索橋的材料由藤、竹換成鐵索。這種索橋主要修建在地形險峻的西南地區。那麼，中國最著名的索橋是哪一座呢？沒錯，就是清朝修建的瀘定橋。

蒲津浮橋

商朝時，周文王姬昌為了過渭河娶親，用船舟代替橋墩，在並排的船舟上鋪上木板，架出了中國最早的浮橋。春秋戰國時，秦國為了攻打晉國，在蒲州附近的黃河上修了一座行軍的浮橋，後人叫它「蒲津浮橋」。唐朝時，唐玄宗命人修復殘破的蒲津浮橋，將竹索換成鐵索，將兩岸連接鐵索的木樁換成巨大的鐵牛。後來因為戰火，這座浮橋被毀。

飛奪瀘定橋

1935 年 5 月，長征途中的軍人冒着敵人的槍林彈雨和熊熊烈火，踩着鐵鏈英勇地奪下了瀘定橋。

瀘定橋

213

漢朝時出現了拱橋和廊橋。廊橋是一種帶小亭子的橋，既可以保護橋樑，又可以為行人遮陽避雨。

漢朝木拱橋

漢朝廊橋

趙州橋

趙州橋

到了隋朝，人們修建了很多造型優美的石拱橋，保留下來的有小商橋以及著名的趙州橋（官方名稱安濟橋）等。趙州橋位於河北省趙縣，建於隋朝開皇年間，已有 1400 多年的歷史，是一座帶有優美弧度的單孔敞肩石拱橋，由李春設計並參與建造。

廣濟橋

廣濟橋，最初稱為康濟橋，始建於南宋，是世界上最早能「開」能「關」的橋樑，也稱為「啟閉式」橋樑。它集樑橋、浮橋及拱橋於一體，在古代是獨一無二的橋樑。

廣濟橋的「開關」

啟閉式廣濟橋

當有船經過時，浮船開啟；當船通過後，浮船閉合。

廣濟橋

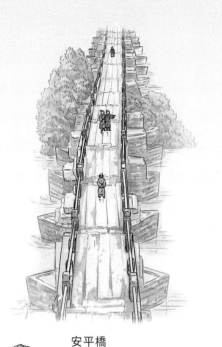

安平橋

盧溝橋事變

1937 年 7 月 7 日，日軍藉口尋找一名「失蹤」的士兵，要求搜查宛平縣城，遭到中國守軍拒絕。日軍遂向中國守軍射擊，並炮轟盧溝橋。中國守軍奮起反擊，這就是盧溝橋事變，又稱七七事變。就是在這一天，日本侵略者挑起盧溝橋事變，發起全面侵華戰爭。

宋朝時的橋有很多種，造橋的技術也發達了很多。除了《清明上河圖》中的虹橋，宋朝留存下來了很多著名的石橋，如洛陽橋及安平橋。福建晉江的安平橋屬於石樑橋，始建於南宋。因橋長約五里，又稱五里橋，是中國現存最長的古代石橋。

盧溝橋全長約 266 米，寬約 7.5 米，是北京市留存下來最古老的聯拱石橋。盧溝橋始建於金朝，後經明朝、清朝，又進行了多次維修。人們最熟知的大概是盧溝橋上雕刻的獅子。民間常說「盧溝橋的獅子數不清」，那麼盧溝橋上的獅子真的數不清嗎？明朝有記載，很多遊人想要知道盧溝橋上獅子的數目，但數來數去，總有數不到的地方，最後弄得眼花繚亂，只好放棄。

盧溝橋

盧溝橋的獅子

中國古代生活大百科

作　　者：米萊童書　著 / 繪

責任編輯：林雪伶

封面設計：高　毅

出　　版：商務印書館（香港）有限公司
　　　　　香港筲箕灣耀興道 3 號東滙廣場 8 樓
　　　　　http://www.commercialpress.com.hk

發　　行：香港聯合書刊物流有限公司
　　　　　香港新界荃灣德士古道 220–248 號荃灣工業中心 16 樓

印　　刷：永經堂印刷有限公司
　　　　　香港新界荃灣德士古道 188–202 號立泰工業中心第 1 座 3 樓

版　　次：2021 年 6 月第 1 版第 1 次印刷
　　　　　© 2021 商務印書館（香港）有限公司
　　　　　ISBN 978 962 07 5876 8
　　　　　Printed in China

本書經四川文智立心傳媒有限公司代理，由易書科技（北京）有限責任公司授
權商務印書館（香港）有限公司在香港、澳門地區出版發行繁體中文字版本。